Relación De Los Obispados De Tlaxcala, Michoacan, Oaxaca Y Otros Lugares En El Siglo Xvi: Manuscrito De La Colección Del Señor Don Joaquín García Pimentel...

Luis García Pimentel

RELACION

DE

LOS OBISPADOS DE TLAXCALA, MICHOACAN

OAXACA Y OTROS LUGARES

EN EL SIGLO XVI

MANUSCRITO DE LA COLECCION

DEL

SEÑOR DON JOAQUIN GARCÍA ICAZBALCETA

PUBLICALO POR PRIMERA VEZ

SU HIJO LUIS GARCÍA PIMENTEL

INDIVIDUO CORRESPONDIENTE DE LA REAL ACADEMIA DE LA HISTORIA, DE MADRID,
MIEMBRO DE LAS SOCIEDADES DE GEOGRAFÍA Y DE AMERICANISTAS DE PARIS

MÉJICO

EN CASA DEL EDITOR

CALLE DE DONCELES, Nº 9

PARIS	MADRID
EN CASA DE A. DONNAMETTE	LIBRERÍA DE GABRIEL SÁNCHEZ
30, RUE DES SAINTS-PÉRES	CALLE DE CARRETAS, Nº 21

1904

A la

Real Academia de la Historia

dedica este volúmen,

en testimonio de respeto y gratitud,

su individuo correspondiente,

LUIS GARCÍA PIMENTEL.

INTRODUCCION

La *Relacion* que forma este segundo tomo de los *Documentos Históricos de Méjico*, viene á ser una continuacion de la *Descripcion del Arzobispado de Méjico*, que publiqué en 1897.

El Señor Presbítero Don Vicente de Paul Andrade, corrió con el arreglo del original para la imprenta.

Deseoso de manifestar mi gratitud á la Real Academia de la Historia, por haberme dispensado la alta honra de contarme entre sus individuos correspondientes, pensé desde luego, no pudiendo hacer cosa mejor, dedicarle el presente volúmen, para lo cual solicité, como era debido, el permiso. que la insigne Corporacion me otorgó con una benevolencia que ha obligado una vez mas mi gratitud. al mismo tiempo que me estimula á proseguir mis trabajos, para contribuir, en la escasa medida de mis fuerzas. al desarrollo de los ramos que forman su instituto.

Paris, 19 Junio 1904.

LUIS GARCÍA PIMENTEL.

O. S. C. S. M. E. C. A. R.

ADVERTENCIAS

Las *versalitas* en frases, palabras, sílabas ó letras, significan correcciones para aclarar pasajes confusos, ó errores del original. Ya mi padre habia usado este sistema, con la mira de « excusar infinitas notas, que no harían mas que distraer al lector, guardándose al mismo tiempo el respeto debido á los originales. » (*Coleccion de Documentos*, I, XIII.)

Las palabras indígenas, tanto del texto, como de las apostillas, van en letra *cursiva*, siguiendo la regla del sabio Don Francisco del Paso y Troncoso, aplicada ya al tomo primero de estos *Documentos Históricos*. (Memoriales de Motolinia).

Las notas que he juzgado necesario agregar van marcadas con las iniciales (G. P.)

El distrito y pueblos que tiene el Obispado de Tlaxcala, con otras cosas

(De los papeles de visita que envió el Virey D. Martin Enriquez de la Nueva España.)

Cabeza deste obispado de *Tlaxcala* es la cibdad de la Puebla de los Ángeles donde está la Iglesia Catedral dél y residen los obispos é beneficiados capitulares, por cédula y licencia de S. M., porque al principio estuvo señalada la cibdad de *Tlaxcala* por cabeza donde se edificase la iglesia catedral, y por esta razón aunque este obispado se dice é tiene título de *Tlaxcala*, el asiento de la catedral y cabeza dél es esta dicha cibdad de los Ángeles. Hay en ella, demás de la dicha catedral, dos hospitales : uno de la dicha catedral, que se llama de S. Pedro, y otro de la Concepcion de Ntra. Sra, y tres monesterios de religiosos de Santo Domingo, S. Francisco, Santo Augustin, y un monesterio de monjas de Santa Caterina de Sena. Hay más cuatro iglesias comenzadas, que podrán ser parroquiales, yendo en aumento esta cibdad : la una es de Ntra. Sra. de los Remedios, otra de S. Joseph, otra de la Vera Cruz, y otra de S. Sebastian. Hay otros oratorios y sitios señalados para iglesias de los naturales que residen é viven en los barrios desta cibdad, que son S. Pablo y Santiago. Hay un colegio comenzado junto al monesterio de Sto. Domingo.

La iglesia mayor catedral fundaron los primeros pobladores que vinieron á esta cibdad : edificáronla en solo un solar que la cibdad les dió, de limosnas pobremente y de muy flacos materiales é ansí se ha comenzado mal comenzada, que no bastan reparos. *Catedral.*

El hospital de S. Pedro se edifica en una casa que dió para ello D. Francisco de Leon, primero arcediano que en la catedral residió. Dió su casa para este efeto con aditamento que los pesos en que se tasó el valor della se descontasen á la dicha *Hospit.*

Iglesia Catedral de lo que en su poder había entrado perteneciente al dicho hospital del noveno y medio que se le da por la ereccion. Está el dicho hospital comenzado en poco suelo é flacos edificios.

Capilla. El hospital de Ntra. Sra de la Concepcion, capilla de S. Juan de Letran, fundaron ciertos vecinos desta cibdad que hicieron hermandad para curar en él los pobres que viniesen de Castilla : ayudáronle con sus limosnas é parte de la renta que tiene Rodrigo de Madrid é otros hombres devotos. Está en una casilla pobre, porque la renta que tiene es poca.

Monasterios. Los tres monesterios dichos han edificado los religiosos de cada órden dellos de limosna : no está ninguno dellos acabado.

Ermitas. Las cuatro iglesias atras dichas, que son de Ntra. Sra. de los Remedios, S. José, la Veracruz, y S. Sebastian, han edificado lo que en ellas está fecho, personas devotas, de limosnas de los vecinos desta cibdad.

Colegio. Para el colegio y edificio dél dejó Luis de Leon Romano renta de que se va haciendo.

El monesterio de las monjas fundó María de la Cruz, mujer que fué de Francisco Marquez, vecino desta cibdad, compró una casilla pobre en que lo comenzó, é ansí se va haciendo pobremente é sobre flacos edificios.

Obispos. Ha habido en este obispado cuatro obispos : el primero D. Fr. Julian Garcés, fraile domínico : el segundo D. Pablo Gil de Talavera, clérigo : este murió en la mar, viniendo á residir : entre estos dos ovo vacante de siete años escasos. El tercero fué D. Fr. Martin de Hojacastro, fraile francisco, y el postrero D. Fernando de Villagomez, clérigo. Entre estos ovo vacante de cinco años, é de presente está vacante.

Deanes. Deanes ha habido tres : el primero D. Fabian de Vi   : el segundo D. Bartolomé Romero, difuntos ambos : el tercero que de presente reside D. Tomás de la Plaza.

Arcedianos. Arcedianos han residido dos : D. Francisco de Leon, que tomó el hábito de S. Francisco, y en él murió : y el Br. D. Fernando Pacheco, sobrino suyo, que de presente reside, á quien S. M. hizo merced de la dignidad, por profesion que hizo en el hábito el dicho D. Francisco de Leon, su tio.

Chantres. En la chantría fueron proveidos tres, y ninguno de ellos tomó posesion y residió en ella, hasta el cuarto, que es el Br. D.Alonso Perez de Andrada, que al presente reside.

Maestrescuela es el Br. D. Juan de Velasco, que de presente reside : no ha habido otro. Maestrescuelas.

Tesoreros ha habido tres : D. Benito Lopez é D. Ruy García, difuntos, é D. Bernaldino Maldonado, que al presente reside. Tesoreros.

Canónigos ha habido muchos que han residido, é por muertes é vacantes de algunos de ellos, han sucedido en sus canonicatos otros. De presente residen nueve, que son Pero Fernandez Canillas, el Br. Alvaro de Vega, Andres de la Serna, el Br. Juan Francisco, Francisco García, Antonio de Vera, Alonso de Leyva, Anton García y Endrino, é Alonso Jimenez. Canónigos.

Racioneros hay dos : Gaspar Ochoa de Lejalde é Pero García Martinez : no se han proveido otros. Racioneros.

De la cibdad de los Ángeles á la de *Tlaxcala*, corriendo hácia el norte, hay cinco leguas. Tiene la cibdad de *Tlaxcala* seis casas de frailes de la orden de S. Francisco : son los naturales della de lengua mexicana y *otomí* : enséñales la doctrina los religiosos conforme á sus lenguas. *Tlaxcala.*

De la cibdad de *Tlaxcalla* al pueblo de *Zacatlan*, que es la primera mojonera de las quince leguas deste obispado hácia el norte, que tiene en encomienda Antonio de Carvajal, hay diez leguas. Tienen la doctrina dél á cargo frailes franciscos : tienen en él su monesterio. Parte términos con *Tlaxcala*. *Zacatlan.*

El primer pueblo de las cercanías deste obispado, corriendo de *Zacatlan*, linea recta hácia el norte, es *Acasuchitlan*, que tiene en encomienda Da. Luisa de Acuña. Es vicario en él y en sus subjetos Pedro Romero, clérigo, lengua mexicana é otomí ; é los naturales dél é de cinco estancias que tiene subjetas hablan las dichas lenguas mexicana é *otomí*. Tiene la dicha cabecera con todas sus estancias, novecientos indios tributarios. Distan las cinco estancias de la cabecera donde reside el vicario, al que más lejos cinco leguas, enséñáseles la doctrina en las dichas lenguas por el dicho vicario. No hay en él hospital ni otro lugar pío. *Acasuchitlan,* 900.

El pueblo é partido de *Xicotepec* de la cercanía deste dicho obispado hácia el norte, que es de la corona real, es vicario en él y en el pueblo de *Papaloticpan* que tiene en encomienda *Xicotepec,* 1000.

Juan de la Torre, Francisco de Terrazas, clérigo, lengua mexicana. Tiene el pueblo de *Xicotepec* y en sus estancias y subjetos, mill indios tributarios, y el pueblo de *Papaloticpac* con sus estancias, trescientos tributarios ; y ansí estos como los de *Xicotepec* son de diferentes lenguas, porque hay en ellos mexicanos, *totonaques*, *otomíes* : están repartidos en muchas estanzuelas, unas de á veinte indios, é otras de á más é otras de á menos : no hay en ninguno dellos hospital ni otro lugar pío : enséñaseles la doctrina en lengua mexicana generalmente, porque todos por la mayor parte la entienden, é á los que no, se les enseña en su lengua por *naguatatos* de cada una dellas é orden del vicario que los tiene á cargo.

Papaloticpac. 300.

El pueblo é partido de *Xalpantepeque*, pueblo de las cercanias hácia el norte que tiene en encomienda Cristobal de Tapia, tiene trescientos tributarios : es cabecera por sí y visítale el vicario de *Chicontepec*, que es Juan de Luxan, clérigo, lengua mexicana, que está catorce leguas, poco más ó menos, del dicho *Chicontepec* : hablan las lenguas de *Xicotepec*, é por la misma orden se les enseña la doctrina. No hay hospital.

Xalpantepec, 300.

El pueblo de *Pantepec*, que está á un lado de *Xalpantepeque*, dos leguas apartado hácia el oriente, que es de la corona real : tiene treinta indios tributarios : visítalos el dicho vicario de *Chicontepec*, por el mesmo orden de los de *Chicontepec* en lengua y doctrina.

Pantepec, 30.

El pueblo de *Ameluca*, de la corona real, es subjeto á *Pantepec* : tiene veinte indios tributarios de lengua *totonaque* : está tres leguas de la cabecera hácia el oriente : enséñaseles por el mesmo orden la doctrina, por el vicario de *Chicontepeque*.

Ameluca, 20.

Vizilpopocatlan, de la corona real, cabecera por sí, está tres leguas de *Ameluca*, hácia el oriente : tiene ochenta tributarios : hablan casi todos la lengua mexicana : enséñaseles la doctrina por el orden dicho.

Vizilpopo-catlan, 80.

Caxitlantongo, cabecera por sí, encomendado en Cristobal de Tapia, está una legua del dicho *Vizilpopocatlan*, hácia el sur : tiene cuarenta tributarios : hablan las lenguas arriba dichas, y enséñaseles la doctrina como á los demás.

Caxitlan-ongo, 40.

Tabuco, que tiene en encomienda el sobredicho, está diez

Tabuco, 15.

leguas, poco más ó menos del dicho *Vizilpopocatlan*, hácia leste : tiene quince tributarios mexicanos é *guastecos* : está en la costa de la mar del Norte : enséñaseles la doctrina por el dicho vicario, por la orden dicha.

En el partido é pueblo de *Ilamatlan*, pueblo de la cercania deste obispado, á la parte del norte, que tiene en encomienda Leonel de Cervántes : es vicario Francisco de Zorita, clérigo, lengua mexicana : es pueblo é cabecera por sí : tiene con sus estancias y subjetos mill é quinientos tributarios, segun se tiene noticia por relacion de los vicarios, porque no se ha contado : hablan los indios la lengua mexicana é *guasteca*, é por ellas se les enseña la doctrina por el dicho vicario é orden dicha. Distan las distancias de la cabecera donde reside el dicho vicario á dos é á tres é á seis leguas al que más. Tiene doce estancias de á ciento é veinte indios tributarios, y á más é á menos : no tiene hospital ni otro lugar pío : es tierra áspera é fragosa.

Ilamatlan, 1500.

El pueblo de *Tamiagua*, que tiene en encomienda Juan de Villagomez, está doce leguas del dicho *Tabuco*, hácia el norte, tiene ciento é noventa é cuatro tributarios : son *guastecos* por la mayor parte : enseñáseles la doctrina por la orden susodicha. Entre este pueblo y el de *Chicontepeque* hay tres estancias en encomienda del dicho Juan de Villagomez, á dos leguas el uno del otro. Hay entre todos ciento é treinta tributarios. Hablan las dichas lenguas é tienen la doctrina dicha.

Tamiagua, 194.

El pueblo é partido de *Chicontepec*, de las dichas cercanias de este obispado, hácia el norte, es *Chicontepeque*, que está en encomienda en Fernando de Coria é Pedro Bermudez, tiene seiscientos tributarios, todos mexicanos. Es cabecera, y en ella reside el vicario de todos los pueblos dichos deste partido. Está de *Xalpantepec* catorce leguas. Es vicario Juan de Luxan, clérigo, lengua mexicana, y en ella les enseña la doctrina ; y en estas catorce leguas están en iguales distancias tres estancias que tienen cien tributarios, poco más ó menos, mexicanos : é ansimismo este dicho pueblo tiene otras muchas estanzuelas de á diez indios, é á más é á menos, unos á cuatro leguas é otros á más é á ménos : no hay hospital ni otro lugar pío.

Chicontepec, 600,

El pueblo é partido de *Nopaluca*, de la corona real, está ocho

Nopaluca, 300.

leguas de la cibdad de los Ángeles : es cabecera por sí é tiene por sujetos tres estancias á legua poco más en distancia cada una de ella de la cabecera. Hay en la cabecera é subjetos trescientos tributarios escasos. Hablan parte dellos la lengua mexicana, é los más la *otomí*. Tiene por vicario á Pedro Naranjo, lengua mexicana : proveeseles de la *otomí* para las confesiones, y enséñaseles la doctrina en ambas lenguas por el vicario é *naguatatos*. No hay hospital en él, ni otro lugar pío.

Istacymas-titlan, S. F.co cabecera, 1000, S. Juan, cabecera, 1000.

El segundo mojon de las quince leguas deste obispado corriendo hácia el norte, es el pueblo de S. Francisco *Iztacimastitlan*, que por otro nombre se dice Castel-blanco, que tienen en encomienda Hernando de Nava é Diego de Arteaga : tiene dos cabeceras, que la una es el dicho S. Francisco, la cual tiene mill tributarios, y la otra cabecera se dice S. Juan, que está cinco leguas del dicho S. Francisco. Tiene otros mill tributarios. Tienen las dichas cabeceras algunas estancias, que por estar muy juntas dellas, como barrios, no se ponen en particular. El número de tributarios dichos se entiende en cabeceras é subjetos : hablan todos la lengua mexicana : tienen por vicario á Pedro Pacheco, lengua mexicana, y en ella les enseña la doctrina. No hay hospital en estos pueblos, ni otro lugar pío.

Tetela, 500.

El partido é pueblo de *Tetela*, de la corona real ; es vicario en él Leonardo de la Peña, clérigo, lengua mexicana, y es pueblo de las cercanias deste dicho obispado hácia el norte. Es cabecera por sí, y tiene cuatro estancias subjetas, que distan de la dicha cabecera de *Tetela* á una é á dos é á tres y á cuatro leguas. Tienen la dicha cabecera y sus subjetos quinientos tributarios : hablan lengua mexicana, y por ella se les enseña la doctrina. Es tierra áspera é fragosa : no hay hospital ni otro lugar pío.

Xonotla, 800.

El partido é pueblo de *Xonotla*, de la corona real, de la cercanía deste obispado : es vicario Pedro Ortiz de Zúñiga, clérigo, lengua mexicana ; es cabecera por sí : tiene ocho cientos indios tributarios. Tiene cinco subjetos que distan de la dicha cabecera donde reside el dicho vicario á dos é á cuatro leguas el que más lejos : hablan lengua mexicana y *totonaque*, y por ella se les enseña la doctrina. Anda con este partido el pueblo de *Zozozoleo* de la corona real : está á dos leguas de la cabecera de *Xonolla* : es cabecera por sí : tiene trescientos indios tributarios : hablan la dicha lengua mexicana y *totonaque ;* y ansimismo andaɴ con el dicho partido los pueblos de *Tenanpulco* que tiene en encomienda Valadés, y el pueblo de *Matlactonatiuhco* que tiene en encomienda Gonzalo de Salazar y Padierna : que el pueblo de *Tenanpulco* tiene doscientos tributarios, y el de *Matlactonatiuhco* tiene cien tributarios, los cuales distan del pueblo de *Xonolla* ocho leguas. Son los indios lengua mexicana é *totonaque,* é por ellas se les enseña la dicha doctrina por el dicho vicario de *Xonolla.* No hay hospital en ninguno de ellos ni otro lugar pío.

El partido é pueblo de *Hueytlalpa,* de la cercania de este obispado hácia el norte, que es de la corona real, es vicario Francisco de Sandoval, clérigo lengua mexicana. Tiene la cabecera, con veinte estancias á él subjetas que distan del dicho pueblo á una legua é á dos y á tres y á cuatro y á cinco leguas á lo más lejos, y hay en ellas y en la dicha cabecera mill é setecientos é diez tributarios, é los naturales dél la mayor parte dellos hablan lengua mexicana, é los demás *totonaque,* é por ellas se les enseña la doctrina. Ansimismo anda con este partido el pueblo de *Iztepec* de la corona real, cabecera por sí, que en dos leguas de la cabecera de *Hueytlalpa* tiene doscientos tributarios. Hablan la lengua mexicana, é pòr ella el vicario les enseña la doctrina. En el pueblo de *Hueytlalpa* hay un hospital cubierto de paja : mandólo hacer Fr. Andrés de Olmos, fraile francisco, á costa del pueblo : no tiene renta.

El partido é pueblo de *Achachalintla,* que tiene en encomienda Juan de Cuenca, pueblo de la cercania de este obispado, que cae á la parte del norte. Es cabecera por sí, tieneɴ nueve estancias subjetas las cuales y la dicha cabecera tiene mil indios tributarios, segun se tiene noticia de los vicarios porque no haɴ sido contados : hablan lengua mexicana la mayor parte dellos y *totonaque* : es vicario de dicho pueblo Juan de Corres, clérigo, lengua mexicana, y enséñaseles la doctrina por las dichas lenguas por el dicho vicario é orden. Distan las estancias de la cabecera donde reside el dicho

Zozozoleo, 300.

Tenanpulco, 200.
Matlactonatiuhco, 100.

Hueytlalpa, 1700.

Iztepec, 200.

Achachalintla, 1000.

vicario, á dos leguas é á tres y á cuatro é á cinco la que más lejos. Es tierra áspera é fragosa.

Papantla. Tuzapan. 150.
Ansimismo tiene este dicho vicario de *Achachalintla* los pueblos de *Papantla* é *Tuzapan*, que tiene en encomienda Cristobal de Tapia, que están ocho leguas de *Achachalintla* : son cabeceras por sí ; tienen ambos pueblos ciento é cincuenta indios tributarios : hablan la lengua mexicana, é por ella el dicho vicario les enseña la dicha doctrina : en estos pueblos de *Achachalintla, Papantla, Tuzapan* no hay hospital ni otro lugar pío.

Paguatlan, 2500.
El pueblo de *Paguatlan* que tiene en encomienda D. Luis de Acuña. Tienen á cargo la doctrina de los naturales frailes agustinos, é tienen en él su monesterio : tiene 2500 indios en 12 leguas.

Tututepec, 4500.
El pueblo de *Tututepeque*, que tiene en encomienda Diego Rs. Orozco : tiénenlo á cargo frailes agustinos, y en él tienen su monesterio : en término de 12 leguas.

Xoxopanga.
El partido de *Xoxopango*, pueblo de la cercanía deste obispado, hácia la parte de la mar del Norte, que tienen en encomienda Gonzalo de Salazar é Villapadierna. Es vicario en él Andrés Ruiz de Alarcon, clérigo, lengua mexicana : hablan los naturales lengua mexicana, *totonaque* : tiene siete estancias que distan de la dicha cabecera donde reside el dicho vicario á una y á dos é á cuatro leguas al que más : tieneɴ la

800.
dicha cabecera y sus subjetos ochocientos tributarios, segun relacion de los vicarios, porque no se han contado. Enséñaseles la doctrina por las dichas lenguas por el dicho vicario y orden que para ello da ; y ansimesmo tiene á cargo este dicho

Chila, Matlatlan.
vicario de *Xuxupango* los pueblos de *Chila* y *Matlatlan* que tiene en encomienda Da. Catalina de Montejo, que ambos pueblos están de la cabecera del dicho *Xuxupango* cuatro leguas. Tienen estos dos pueblos cinco estancias que distan de las cabeceras á tres é á cuatro leguas : hablan los naturales lengua mexicana é *totonaque* : por ella se les enseña la doctrina como á los demás : no hay hospital ni otro lugar pío.

Xonacatlan, 1000.
El partido é pueblo de *Xonacatlan Çaoctlan*, mojon de las quince leguas deste obispado, que cae hácia la parte del norte que tiene en encomienda Martin de Oliveros : es vicario dél

Diego de Rojas, clérigo, lengua mexicana, que la hablan los naturales dél é de sus estancias : es cabecera por sí, é tiene nueve estancias subjetas, que distan de la cabecera donde reside el vicario, á media é á una é á dos é á cuatro leguas el que más lejos. Hay en la dicha cabecera y en sus nueve estancias mil indios tributarios : enséñaseles la doctrina por la dicha lengua : no hay en él hospital ni otro lugar pío.

El partido de *Tlatlauquitepec*, pueblo de la mojonera de las quince leguas deste dicho obispado, que es de la corona real, que está hácia el dicho norte. Es cabecera por sí, y en él es vicario Gonzalo Martel, clérigo, lengua mexicana, y los naturales de él la hablan todos. Tiene dos estancias á él sujetas, en las cuales y en la dicha cabecera hay mil y ciento y noventa tributarios : distan las dichas dos estancias de la cabecera donde reside el vicario, la una media legua y la otra una, y anda con este partido el pueblo de *Atempan*, cabecera por sí de la corona, el cual está de la cabecera de *Tlatlauhquitepec* una legua. Tiene cuatrocientos indios tributarios : hablan todos lengua mexicana, y por ella el dicho vicario les enseña la doctrina : no hay en ninguno dellos hospital ni otro lugar pío.

Los pueblos de *Zacapoaztla* y *Naotzontla*, cabeceras por sí que solían ser de la cabecera de *Tlatlauquitepec*, es vicario de ellos Bartolomé Lopez, clérigo, lengua mexicana, y los naturales la hablan, y por ella se les enseña la doctrina por el dicho vicario. Tienen las dichas dos cabeceras cuatro estancias á ellas sujetas : distan de las dichas cabeceras donde reside el vicario á media legua y á uno y á tres y á siete al que más. Hay en las dichas dos cabeceras é cuatro estancias mil y ocho cientos y treinta y cuatro indios tributarios : las cabeceras tienen á cuatrocientos y cuarenta ; las estancias á ciento y á doscientos, y á más y á ménos : en todos no hay hospital.

El partido y pueblo de *Teziutlan*, cabecera por sí, que está hácia el norte, pueblo de cercanía de este obispado, es de la corona real : tiene once estancias á él sujetas : todos los naturales hablan la lengua mexicana. Es vicario Diego Gutierrez, clérigo, lengua mexicana ; distan las dichas estancias de la dicha cabecera donde reside el dicho vicario, á dos leguas y

Tlatlauh-
quitepec,
1190.

Atempan,
400.

Zacapuaz-
tla, Nauzon-
tla, 1834.

Teziutlan,
1368.

á cuatro y á cinco, y á siete leguas al más lejos ; y en la dicha cabecera y estancias hay mil y trescientos y sesenta y ocho tributarios : enséñaseles la doctrina por la dicha lengua : no hay hospital ni otro lugar pío.

Xalacingo, 800. El partido y pueblo de *Xalacingo*, cabecera por sí que cae hácia el norte, mojonera de las quince leguas deste obispado, de la corona real : es vicario Diego Lopez, clérigo, lengua mexicana, y todos los naturales hablan la dicha lengua eceto una estancia de siete casas, que son de lengua *totonaque* : tiene dicha cabecera dos estancias sujetas á ellas, en las cuales y la dicha cabecera hay ochocientos tributarios. Dista la una estancia de la dicha cabecera donde reside el vicario cinco leguas, y la otra siete leguas : enséñaseles la doctrina por la lengua mexicana : no hay hospital.

Azalamex- calcingo. 1608. El partido y pueblo de *Azalamexcalcingo*, pueblo de la cercanía deste obispado, que es hácia la parte del norte, que tiene en encomienda Andres Dorantes, es vicario Luis Hidalgo de Montemayor, lengua mexicana, clérigo, y la mayor parte de los indios hablan la lengua mexicana, y los otros *totonaque*, y por ambas lenguas se les enseña la doctrina por el dicho vicario. Tiene este dicho pueblo seis estancias que distan de la cabecera donde reside el dicho vicario á cuatro leguas y á dos y á doce y á diez y seis leguas, aunque de estancia á estancia están á cuatro leguas unas de otras. Tienen la dicha cabecera y sus estancias mil y seiscientos y ocho indios tributarios : no hay hospital en él ni otro lugar pío.

Mizantla, 600. El partido y pueblo de *Mizantla* de la cercanía de este obispado, que está entre el norte y oriente, cabecera por sí de la corona real, es vicario Juan Ramirez, clérigo ; tiene seis cientos tributarios, hablan la lengua *totonaque* y algunos la mexicana, y por ellas se les enseña la doctrina. Tiene dos estancias que la una dista ocho leguas de la cabecera y la otra cuatro leguas, y cada una estancia tiene hasta siete ó ocho indios : no hay hospital en él.

Tlacuilula. El partido y pueblo de *Tlacuylula* de las cercanías deste obispado, que cae hácia la parte del oriente, que es de la corona real, es cabecera por sí : tiene cinco estancias distantes de la dicha cabecera á dos y á tres leguas : tienen la dicha cabecera y sus cinco estancias setecientos tributarios : hablan la lengua *totonaque*, y algunos la mexicana. Es vicario Alonso Muñoz clérigo, lengua mexicana y *totonaque*, y por ella les enseña la doctrina : no hay en él hospital ni otro lugar pío.

Xilotepec, cabecera por sí, de la corona real, que cae hácia la parte del dicho oriente, que anda con el partido de *Tlacuilula :* tiene dos estancias, en las cuales y en la dicha cabecera hay trescientos y cincuenta indios tributarios. Distan de la cabecera de *Xilotepec* á dos leguas, y de la cabecera de *Tlacuila*, donde reside el vicario que los tiene á cargo, que es el dicho Alonso Muñoz, tres leguas. Hablan los naturales la dicha lengua *totonaque*, y por ella se les enseña la dicha doctrina : no hay en él hospital ni otro lugar pío. *Xilotepec.* 350.

Chapultepec, pueblo y cabecera de por sí, de la corona real : tiene ciento y cuarenta tributarios : hablan lengua *totonaque :* es vicario de él el dicho vicario Alonso Muñoz, clérigo : enséñales la doctrina por la dicha lengua : no hay hospital en él ni otro lugar pío. *Chapultepec,* 140.

Naolingo, cabecera de por sí, de la corona real, tiene doscientos y treinta tributarios : hablan la lengua *totonaque :* es vicario el dicho Alonso Muñoz : no tiene estancia ni sujetos algunos. *Naolingo,* 230.

Tepetla, cabecera por sí, de la corona real, tiene ciento y diez tributarios : hablan la dicha lengua *totonaque :* no tiene sujetos ningunos : es vicario el dicho Alonso Muñoz. *Tepetla.*

Chicuacentepec, cabecera de por sí : hay cincuenta tributarios : no tiene sujeto alguno : hablan la dicha lengua *totonaque :* es vicario el dicho Alonso Muñoz. *Chicuacentepec.*

Atucpan, cabecera de por sí, de la corona real, tiene ciento y diez indios tributarios : no tiene sujeto alguno : hablan la lengua *totonaque :* es vicario el dicho Alonso Muñoz. *Atucpan,* 110.

Quaquauhtzintla, pueblo por sí, que tiene en encomienda Miguel Arias : tiene doscientos tributarios : no tiene sujeto ninguno : hablan la lengua *totonaque :* visítalos el dicho Alonso Muñoz, vicario de *Tlacuilula*. *Quaquauhtzintla,* 200.

Acatlan, pueblo y cabecera por sí, que tiene en encomienda Martin de Mafra : tiene cient tributarios : no tiene sujeto : ha- *Acatlan,* 100.

blan la dicha lengua y visítalos el dicho Alonso Muñoz, vicario de *Tlacuilula.*

Chiconquiauhco y *Miahuatlan*, pueblos y cabeceras de por sí que tiene en encomienda Juan Valiente, las cuales dichas cabeceras y una estancia sujeta tieneɴ ciento y cincuenta tributarios : hablan la dicha lengua *totonaque* : visítalos el dicho Alonso Muñoz, vicario de *Tlacuilula.*

Almolonga, pueblo y cabecera de por sí, que tiene en encomienda Gonzalo Rodriguez de Villafuerte : tiene veinte tributarios : hablan la dicha lengua *totonaque* : visítalos el dicho Alonso Muño, vicario de *Tlacuilula.*

El pueblo de *Xalapa* de la cercanía deste obispado hácia oriente, es de S. M. : tiénenlo á cargo con todas sus estancias y sujetos los frailes franciscos, en el cual tienen su monesterio y un hospital sin renta.

Ansimismo tienen cargo los frailes franciscos que residen en el dicho *Xalapa* los pueblos de *Cuauhtepec*, *Xicochimalco*, *Ixguacan*, que es de Francisco de Reinoso, con todos sus sujetos y estancias.

El partido de la Veracruz, que es de españoles : es vicario Juan Ruiz Flores, clérigo : hay en la dicha ciudad de la Veracruz un espital : susténtase de limosna : no hay otro lugar pío.

Ansimismo es vicario el dicho Juan Ruiz Flores del pueblo de la Rinconada, encomendado en el Marques del Valle. Tiene cient tributarios : y ansimismo tiene en visita el dicho vicario el pueblo de *Cempoala* de la corona real : tiene doce tributarios. Y en la dicha ciudad está ansimismo por cura Francisco Lopez de Rebolledo, clérigo.

El partido de la isla y puerto de San Juan de Lua es vicario en él......... Barnuebo, clérigo, y con el dicho partido tiene de visita los pueblos de *Cotlaxtla*, *Espiche*, *Alcozagua*, *Mictlanquauhtla*, Medellin, *Xamapa*, que en todos ellos hay ciento y sesenta tributarios : enséñaseles la doctrina en lengua mexicana.

Huatinchan, pueblo y cabecera por sí : la mitad dél es de la corona real, y la otra mitad tiene en encomienda Juan Perez de Artiaga : cae dentro de la mojonera de las quince leguas deste obispado : está cuatro leguas de la ciudad de los Ángeles, donde reside la catedral, y de donde se empiezan á contar las quince leguas del dicho arzobispado : cae á la parte del leste. Este pueblo y sus estancias tiénenlos á cargo frailes franciscos, y tienen en él su monesterio.

La ciudad y provincia de *Tepeaca*, de la corona real, cae dentro de la mojonera de las quince leguas con todos sus subjetos : tienen á cargo la doctrina de los naturales frailes franciscos, y tienen en él sus monesterios y un hospital. *Tepeaca.*

El pueblo de *Acacingo*, cabecera por sí, de la corona real que está dentro de la mojonera de las quince leguas : tiénenlo á cargo frailes franciscos : es subjeto á la jurisdiccion de *Tepeaca* : tienen en él su monesterio. *Acacingo.*

El pueblo de *Tecamachalco* que tiene en encomienda D. Rodrigo de Vivero, el cual y la mayor parte de sus estancias y subjetos tienen á cargo frailes franciscos, y tienen en él un monesterio, y cae dentro de la mojonera de las quince leguas del dicho obispado. En este pueblo hay hospital fundado por el pueblo : tiene estancia de ganado menor con que se sustenta. *Tecama-chalco.*

El partido y pueblo de *Tlacotepec*, sujeto al pueblo de *Tecamachalco* y á *Cachula*, es vicario Cristobal de Ribera, clérigo, lengua mexicana y *popoloca*, que es la lengua que hablan los naturales de él... Tiene trece estancias con la en que reside el dicho vicario ; que distan las dichas estancias de la cabecera donde reside el dicho vicario á legua y á legua y media y á dos y á tres leguas. Hay en todas las dichas trece estancias dos mil y ochocientos y veinte tributarios. Enséñaseles la doctrina por las dichas lenguas. *Tlacotepec.*

El pueblo de *Cachula*, cabecera por sí, que cae dentro de las quince leguas de este obispado, que tienen en encomienda Diego de Villanueva y Alonso Coronado, el cual y la mayor parte de sus estancias y sujetos tienen á cargo frailes franciscos y tienen en él su monesterio. *Cachula.*

El partido y pueblo de S. Salvador, sujeto al dicho *Cachula* y á *Tequemachalco*, que cae dentro de la dicha mojonera hácia la parte de oriente : es vicario en él Nicolas Mendez, clérigo, lengua mexicana y *otomí*, que es la lengua que hablan los naturales de él y de dos estancias que tiene es la dicha lengua *San Salvador de Cachula, 1200.*

mexicana, *otomí* y *popoluca*. Tiene el dicho partido y las dichos dos estancias mill y doscientos tributarios : distan las dos estancias de la cabecera donde reside el clérigo á una legua é media y á dos leguas : no tiene hospital.

Chiapulco. El pueblo de *Chiapulco*, cabecera por sí que tiene en encomienda Esteban de Caravajal, que está hácia el este, que cae dentro de la mojonera de las quince leguas, tiénelo en visita los frailes franciscos que residen en el publo de *Tehuacan*, que está dos leguas de él.

Tehuacan. El pueblo de *Tehuacan*, que es mojonera de las quince leguas deste dicho obispado hácia la parte del este, que la mitad de él es de la corona real y la otra mitad de Antonio Ruiz de Castañeda : tiénenlo á cargo frailes franciscos, con todas las estancias y sujetos : tienen en él su monesterio.

Cuzcatlan, *495.* El partido y pueblo de *Cuzcatlan*, de la cercanía deste obispado hácia la parte del este, que es de la corona real, es vicario Andres de Medina, clérigo, lengua mexicana, y todos los indios de él y de sus estancias la hablan. Tiene la dicha cabecera dos estancias á ella sujetas : distan las dichas estancias de la cabecera donde reside el vicario á dos y á tres y á cuatro y á seis y á trece y á quince leguas. Tienen la dicha cabecera y sus estancias cuatrocientos y noventa y cinco tributarios : enséñaseles la doctrina por la dicha lengua por el dicho vicario.

Zoquitlan, *222.* Ansimismo tiene á cargo el dicho vicario Andres de Medina el pueblo de *Zoquitlan*, cabecera por sí, que tiene en encomienda Diego de Montalvo ; el cual dicho pueblo tiene seis estancias sujetas, que en ellas y en la cabecera hay trescientos y veinte y dos tributarios que hablan la lengua mexicana, y por ella se les enseña la dicha doctrina. Distan las estancias de la cabecera de *Zoquitlan* á cuatro y á seis y siete y ocho leguas ; y de *Cuzcatlan* donde reside el vicario á cinco y á seis y á nueve y á trece leguas : no hay hospital.

Elosuchit- *lan,* *250.* Ansimismo tiene á cargo el dicho vicario Andres de Medina el pueblo de *Elosuchitlan* de la cercanía deste obispado que tiene en encomienda D* Luisa de Frias. Tiene la dicha cabecera dos estancias, en las cuales y en la dicha cabecera hay doscientos y cincuenta tributarios, los cuales hablan la dicha lengua mexicana, y por ella se les enseña la doctrina. Está la dicha cabecera de *Elosuchitlan* é sus estancias de la cabecera de *Cuzcatlan* donde reside el dicho vicario nueve leguas : no hay hospital en él.

El partido y pueblo de *Zongolica*, cabecera por sí de la corona real, que es de la cercanía deste obispado, que cae hácia el oriente, es vicario Benito Vasquez Carrasco, clérigo lengua mexicana. Tiene la dicha cabecera catorce estancias, en las cuales y en la dicha cabecera hay setecientos y cincuenta y siete tributarios que hablan todos la lengua mexicana, y por ella se les enseña la doctrina por el dicho vicario. Distan las dichas estancias de la dicha cabecera donde reside el dicho vicario á una legua y á tres y á cinco y á seis leguas el que más lejos. Es tierra fragosa ; no hay hospital en él. *Zongolica,* 757.

Asimismo es vicario el dicho Benito Vasquez Carrasco en el pueblo de *Tequila*, cabecera de por sí, de la corona real, que es de la cercanía del dicho obispado. Tiene siete estancias, en las cuales y en la dicha cabecera hay trescientos y cuarenta y cuatro tributarios : hablan todos la lengua mexicana, y por ella se les enseña la dicha doctrina. Está el dicho pueblo de *Tequila* y sus estancias de la cabecera de *Zongolica*, donde reside el dicho vicario á tres y á cuatro leguas : no hay en él hospital ni otro lugar pío. *Tequila.* 344.

El partido y pueblo de Maltrata y de *Orizaba*, pueblos y cabeceras de por sí, de la corona real, que el dicho *Orizaba* es mojon de las quince leguas de este obispado, es vicario Francisco de Covarrubias, clérigo, lengua mexicana ; en el cual dicho pueblo de Maltrata y en todas sus estancias tiene quinientos tributarios ; y el pueblo de *Orizaba* tiene doscientos y cincuenta tributarios, los cuales hablan todos la lengua mexicana, y por ella se les enseña la doctrina por el dicho vicario. Están los dichos pueblos de *Orizaba*, donde reside el dicho vicario á legua y media : no hay hospital en ellos ni otro lugar pío. *Maltrata, Orizaba,* 500.

Ansimismo es vicario el dicho Francisco de Covarrubias del pueblo de *Aculcingo*, que es mojon de las quince leguas deste obispado, que tiene en encomienda Diego de Montalvo. Tiene trescientos tributarios los cuales hablan la lengua mexicana. *Aculcingo,* 300.

Está de *Orizaba* donde reside el dicho vicario dos leguas : enséñaseles la doctrina por la dicha lengua : no hay hospital ni otro lugar pío en él.

Chichiqui-la, Quimix-tlan, S. Mar-tin, S. Fran-cisco, Santia-go, *Tlaquet-zala,* 1508.

El partido y pueblo de *Chichiquila, Quimixtlan,* S. Martin, S. Francisco, Santa María, Santiago, *Tlaquetzala,* pueblos y cabecera de por sí, de la corona real y pueblos de cercanías deste obispado, es vicario Pedro Beltran, clérigo, lengua mexicana, los cuales dichos pueblos todos ellos mill y quinientos y ocho tributarios hablan la lengua mexicana, y por ella se les enseña la dotrina. Distan las estancias de las cabeceras, algunas á tres leguas, y otras á seis, y á nueve y á trece leguas : no hay hospital en él.

S. Antonio. 500.

Ansimismo el dicho Pedro Beltran es vicario del pueblo de Sant Antonio, pueblo de la cercanía de este obispado, que tiene en encomienda Pedro de Nava : tiene quinientos tributarios hablan la lengua mexicana, y por ella se les enseña la dotrina. Está de *Quimixtlan,* donde reside el dicho vicario, diez leguas : no hay hospital en él.

Huatusco, Tenexapan, Cuexcoma-tepec, Alpat-lahuayan, S. Salvador, 350.

El partido y pueblo de *Huatusco, Tenexapan,* San Juan, *Guexcomatepec, Alpatlahuayan,* S. Salvador, pueblos y cabeceras de por sí, de la corona real, de las cercanías deste obispado hácia el norte, es vicario Francisco de Palomares, clérigo presbítero, lengua mexicana. Distan los dichos pueblos de la cabecera de *Guatusco,* donde reside el dicho vicario, á seis, y á ocho y á diez leguas : tienen todos los dichos pueblos trescientos y cincuenta tributarios : hablan la lengua mexicana y por ella se les enseña la dotrina : no hay hospital ni otro lugar pío.

Cuitla, Te-patlachco, 50.

Asimismo el dicho Francisco de Palomares es vicario y tiene á cargo los pueblos de *Cuitla, Tepatlachco* que tiene en encomienda Martin de Mafra : tienen ambos pueblos cincuenta tributarios ; y del pueblo de *Izhuatlan* que tiene en enco-

Izhuatlan, 150.

mienda D. Luis de Velasco. Tiene ciento y cincuenta tributarios : y del pueblo de *Chocaman,* que tiene en encomienda

Chocaman, 200.

María de Villanueva, que tiene doscientos tributarios, los cuales dichos pueblos de encomenderos distan de la cabecera donde reside el dicho vicario, á tres y á cuatro y á seis leguas : hablan los indios la lengua mexicana, y por ella se les enseña la dotrina cristiana. No hay hospital ni otro lugar pío en él.

El partido y pueblo de *Cozamaloapan, Tlaliscoya, Tlacotalpan*, de la corona real, que son de las cercanías deste obispado, es vicario Luis Ponce de Leon, clérigo, lengua mexicana. Tiene *Tlaliscoya* dos estancias sujetas, á una y á dos leguas, *Cozamaloapan*, tiene una estancia por sujeta que se dice *Cipactepec* : otras solia tener que agora están despobladas por muerte de los naturales. *Tlacotalpa* tiene cinco estancias, la que más lejos está de la cabecera diez leguas por el río, ó por tierra está cuatro leguas : no se camina por ser la tierra de ciénega que no se puede caminar por ella. Otras dos están á cinco leguas, que tambien se caminan por el río. De las otras dos está la una á una legua y la otra tres por el dicho río. Hablan todos la lengua mexicana y en ella se les enseña la dotrina. Hay en estos tres pueblos con sus sujetos y estancias seiscientos tributarios : no hay hospital ni otro lugar pío. Residen de ordinario en este partido de seis á ocho españoles con sus casas, y otros muchos tratantes.

Cozamaloapan, Tlaliscoya, Tlacotalpan.

Cipactepec, 600 ; 6 á 8 españoles.

Ansimismo tiene por visita el dicho vicario el pueblo de *Puctla* que está encomendado en Diego de Castañeda, con tres estancias á el sujetas, que están á tres y á cuatro leguas : tienen esta cabecera y sujetas doscientos y cincuenta tributarios.

Puctla, 250.

Ansimismo tiene por visitas el pueblo de *Amatlan*, que está encomendado en Martin de Mafra : tiene esta cabecera tres estancias á una y á dos leguas : tiene la cabecera y subjetos dos cientos y cincuenta tributarios : hablan todos la dicha lengua mexicana, y se les enseña la dotrina por la órden arriba dicha.

Amatlan, 250.

El pueblo de *Totomehuacan*, que está legua y media desta ciudad de los Ángeles, que tiene en encomienda Beatriz de Toviar, viuda, mujer que fué de Gonzalo Galeote, que cae hácia la parte del sur : tiénenlo á cargo frailes franciscos y tienen en él su monesterio.

Totomehuacan.

El pueblo de Santiago *Tecalco*, que cae dentro de la mojonera de las quince leguas deste dicho obispado, que tiene en encomienda Jusepe de Orduña : tiénenlo á cargo con todas sus estancias y sujetos frailes franciscos : tienen en él su monesterio.

Santiago *Tecalco.*

El pueblo de *Tepexi*, de la corona real, que cae dentro de las

Tepexi.

quince leguas de la mojonera deste dicho obispado : tiénenlo á cargo con todas sus estancias frailes dominicos : tienen el él su monesterio.

Zapotitlan, 2200. El pueblo y partido de *Zapotitlan* que tiene en encomienda Francisco Montaño é Garnica, que cae dentro de las dichas mojoneras de las quince leguas : es vicario Juan de Peñalver, clérigo, lengua mexicana é *misteca :* hablan los naturales dél la mexicana y *misteca* y *popoluca*, y por ellas se les enseña la dotrina, por el vicario y órden que da : tiene diez y siete estancias que distan de la cabecera donde reside el vicario á dos y á tres y á cuatro y á nueve y á diez y á once leguas al que más. Tiene la dicha cabecera y sus estancias dos mil y doscientos tributarios : no hay en él hospital.

Chiazumba, Huapanapan, 400. El pueblo de *Chiazumba* é *Huapanapan*, cabeceras por sí de la corona real, de las cercanías deste obispado : es vicario en ellos el dicho Juan de Peñalver : los naturales hablan la lengua mexicana é *misteca*, y por ella se les enseña la doctrina : tienen ambas cabeceras cuatrocientos tributarios : están estas dos cabeceras de la cabecera de *Zapotitlan* donde reside el vicario, ocho leguas : no hay hospital en él ni otro lugar pío.

Acatlan, 672. El partido y pueblo de *Acatlan*, mojonera de las quince leguas de este obispado, que es de la corona real, cae hácia la parte del sur : es vicario Francisco de Alfaro, clérigo, lengua mexicana y *misteca :* todos los naturales de él hablan las dichas dos lenguas : tiene tres estancias que distan de la dicha cabecera, la una cinco leguas, y las otras dos á dos leguas, en las cuales y en la dicha cabecera hay seiscientos y setenta y dos tributarios. Enséñaseles la doctrina por las dichas lenguas por el dicho vicario : no hay hospital en él.

Piaztla, 535. Ansimismo es vicario el dicho Francisco de Alfaro, del pueblo de *Piaztla*, mojon de las quince leguas deste dicho obispado, que es de la corona real. Está de la cabecera de *Acatlan* cuatro leguas : tiene ocho estancias sujetas que distan de la cabecera unas á dos leguas y otras á siete y ocho leguas : tienen todas ellas y la dicha cabecera quinientos y treinta y cinco tributarios : hablan lengua mexicana todos ellos, y por ella se les enseña la dicha dotrina por el dicho vicario : no hay hospitales ni otro lugar pío.

Ansimismo el dicho Francisco de Alfaro es vicario del pueblo de *Petlalcingo*, de las cercanías deste obispado hácia el sur, que tiene en encomienda Francisco Hernandez Guerrero : tiene ciento y cincuenta tributarios : hablan la lengua *misteca*, y por ella se les enseña la dicha dotrina. Está este pueblo de la cabecera de *Acatlan* donde reside el dicho vicario tres leguas : no hay en él hospital. *Petlalcingo, 150.*

El pueblo de *Chila*, cercanía deste obispado hácia el sur que tiene en encomienda la mujer de Lorenzo Marroquino : tiénenlo á cargo, con todas sus estancias y subjetos frailes dominicos y por ellos son dotrinados los naturales : tienen en él su monesterio. *Chila.*

El pueblo de *Icxitlan*, cercanía del dicho obispado, que tiene en encomienda Francisco Velazquez de Lara, que cae hácia el dicho sur : tiénenlo á cargo los frailes dominicos que residen en el dicho pueblo de *Chila*. *Icxitlan.*

El pueblo de *Teccistepec*, de la cercanía deste obispado hácia el sur, de la corona real, tiénenlo á cargo con todas sus estancias y sujetos los dichos frailes dominicos que residen en *Chila*. *Teccistepec.*

El pueblo de *Xuchitepec*, de la cercanía deste obispado hácia el sur, que tiene en encomienda Dª Ana, mujer de Juan de Morales, tiénenlo á cargo con todas sus estancias y subjetos los dichos frailes dominicos que residen en el pueblo de *Chila*. *Xuchitepec.*

El pueblo de *Coyotepexc*, de la dicha cercanía, hácia el dicho sur, que tiene en encomienda Pedro Calderon, tiénenlo á cargo con todas sus estancias y sujetos los dichos frailes dominicos que residen en *Chila*. *Coyotepec.*

El pueblo de *Guaxuapa*, de la dicha cercanía hácia el sur, que la mitad es de la corona real, y la otra mitad de Arriaga, tiénenlo á cargo los dichos frailes dominicos que residen en el dicho pueblo de *Chila*. *Guaxoapan.*

El pueblo de *Tuchcuitlapilco*, de la cercanía deste obispado, hácia el dicho sur, que es de la corona real, tiénenlo á cargo, con todos sus sujetos y estancias los dichos frailes dominicos que residen en el dicho pueblo de *Chila*. *Tuchcuitlapilco.*

El pueblo de *Tezhuatlan*, de la dicha cercanía hácia el dicho sur, que tiene en encomienda Dª Beatriz de Andrada, tiénenlo *Tezhuatlan,* á cargo con todas sus estancias los dichos frailes dominicos que residen en el dicho pueblo de *Chila.*

El pueblo y partido de *Mistepec,* de la cercanía deste dicho obispado, hácia el dicho sur, que tiene en encomienda Melchor Xuares, es vicario Luis Peña, clérigo, lengua mexicana y *misteca :* tiene cuatro estancias sujetas, en las cuales y en la dicha cabecera hay setecientos tributarios : hablan la dicha lengua *misteca* y mexicana, y por ella se les enseña la dotrina. Distan las estancias de la dicha cabecera á dos y á tres leguas al que más : no hay hospital en él.

Ansimismo es vicario el dicho Luis Peña del pueblo de *Tepexi* de la dicha cercanía, que tiene en encomienda Tellez : no tiene ningun subjeto, y en él hay setenta tributarios : está de la cabecera de *Mistepec* donde reside el dicho vicario, cuatro leguas : hablan los naturales dél la lengua *misteca* y mexicana, y por ella se les enseña la dotrina : no hay hospital.

Ansimismo es vicario el dicho Luis Peña del pueblo de *Tlacotepec,* de la dicha cercanía hácia el dicho sur, que tiene en encomienda Juan Bosque : tiene dos estancias en las cuales y en la dicha cabecera hay trescientos tributarios : hablan la dicha lengua *misteca* y mexicana, y por ella se les enseña la dicha dotrina, y está de la cabecera de *Mistepec,* donde reside el dicho vicario, seis leguas : no hay hospital en él.

El pueblo y partido de *Icpactepec,* de la cercanía del dicho obispado, que es de la corona real, es vicario Juan Larios clérigo, lengua mexicana y *misteca :* no tiene sujeto : tiene trescientos tributarios : hablan los naturales dél la dicha lengua *misteca* y mexicana, y por ellas se les enseña la dotrina : no hay hospital ni otro lugar pío.

Ansimismo es vicario el dicho Juan Larios de *Cilacayoapan* y *Patlanala* y *Michapa* y otros dos pueblos sujetos de *Tonala* que andan con el dicho partido y vicaría, y el dicho vicario reside en este pueblo de *Cilacayoapan,* y distan el dicho *Icpactepec* y *Patlanal* y *Michapan* al más lejos dos leguas y al más cercano media legua dél ; y los otros dos pueblos distan la una tres leguas y las otras cinco leguas, en todos los cuales dichos pueblos hay mill y doscientos tributarios : hablan la dicha lengua *misteca* y mexicana, y en ella se les enseña la do-

21

trina : no hay en ninguno de ellos hospital ni otro lugar pío.

El pueblo de *Tonala*, de la dicha cabecera hácia el dicho sur, de la corona real, tiénenlo á cargo con todas sus estancias y sujetos los frailes dominicos, en el cual tienen su monesterio y administran los sacramentos á los naturales. *Tonala.*

El pueblo de *Huehuetlan* que cae dentro de la mojonera de las quince leguas deste obispado hácia la parte del sur, que tiene en encomienda Dª María de Soto, tienen á cargo los frailes de Sto. Domingo que residen en esta ciudad de los Ángeles con todas sus estancias y subjetos : está cinco leguas desta ciudad. *Huehuetlan*

El pueblo de *Coatlatlauhca* que cae dentro de la mojonera de de las quince leguas, hácia la parte del dicho sur, que es de la corona real, tiénenlo á cargo, con todas sus estancias y sujetos frailes agustinos, y en él tienen su monesterio. *Coatlat-lauhca.*

El pueblo de *Coatlatlauhca* que cae dentro de la mojonera de las quince leguas, hácia el sur, es vicario el Br. Garci Rodríguez Maldonado, clérigo, lengua mexicana. Está poblado el dicho valle de labradores españoles y de algunos indios que sirven de gañanes. Tienen en este dicho valle los frailes dominicos casas de labor, y molinos y tierras de pan. Y ansimismo los frailes agustinos tienen sus casas de labor y molinos y tierras de pan llevar ; y en el pueblo de *Acapetlahuaca* en el mesmo valle, hay un monesterio de frailes de la orden de S. Francisco, los cuales tienen á cargo los indios del dicho pueblo de *Acapetlahuaca*, que es sujeto á la ciudad de *Huexocingo* : no hay hospital. *El valle de Atrisco.*

Acapetla-huaca.

El pueblo y partido de *Tepexuxuma*, que cae dentro de la dicha mojonera que tiene en encomienda Cristobal de... es vicario Gaspar Montaño, clérigo, lengua mexicana : tiene la dicha cabecera cuatro estancias á él sujetas en las cuales y en la dicha cabecera hay ochocientos tributarios, los cuales hablan todos la lengua mexicana, y por ella se les enseña la dotrina. Distan las dichas estancias de la dicha cabecera la que más á una legua y la que menos á media legua. *Tepexuxuma, 800.*

Ansimismo es vicario el dicho Gaspar Montaño del pueblo de *Epatlan*, que es cabecera por sí, que cae dentro de la dicha mojonera de las quince leguas, que la mitad dél es de la corona *Epatlan, 734.*

real y la otra mitad tiene en encomienda Juan Perez de Herrera : tiene seis estancias á él sujetas, que distan de la dicha cabecera de *Epatlan* á media legua y á una y á tres leguas, y de la cabecera de *Tepexuxuma*, donde reside el dicho vicario á dos leguas y á tres, en las cuales dichas estancias y en la cabecera hay setecientos y treinta y cuatro tributarios : hablan todos la lengua mexicana y por ella se les enseña la dicha dotrina.

Teupantlan, 545. Asimismo es vicario el dicho Gaspar Montaño del pueblo de *Teupantlan*, que cae dentro de la mojonera de las quince leguas hácia el sur, que la mitad es de la corona real, y la otra mitad tiene en encomienda Da. Isabel de Bolaños : tiene ocho estancias á él sujetas, que en ellas y en la dicha cabecera hay quinientos y cuarenta y cinco tributarios. Distan las dichas estancias de la dicha cabecera de *Teupantlan* á una y á dos y á tres leguas : y de la cabacera de *Tepexuxuma*, donde reside el dicho vicario, á tres y á cuatro leguas.

Ahuatlan, 40. Asimismo es vicario el dicho Gaspar Montaño en el pueblo de *Ahuatlan*, cabecera por sí que cae dentro de la mojonera de las quince leguas, de la corona real, que tiene cuarenta tributarios : hablan la dicha lengua mexicana : dista de la cabecera de *Epatlan* dos leguas.

Texaluca. 50. Ansimismo es vicario el dicho Gaspar Montaño del pueblo de *Texaluca*, que cae dentro de la dicha mojonera de las quince leguas, de la corona real, el cual y una estancia á él sujeta, tienen cincuenta tributarios : hablan la dicha lengua mexicana, y por ella se les enseña la dotrina. Dista del pueblo de *Epatlan* dos leguas. En todos estos pueblos susodichos no hay hospital ni otro lugar pío.

Izúcar. El pueblo de *Izúcar*, que es mojonera de las quince leguas deste obispado, hácia la mar del sur, que es de la corona real, tiénenlo á cargo frailes de la orden de Sto. Domingo, con todas sus estancias y subjetos : tienen en él su monesterio fundado.

Tlatectla. Tlilapan. El pueblo de *Tlatectla*, cabecera por sí, y el pueblo de *Tlilapa*, ansimismo cabecera por sí, de la corona real, los tienen á cargo con todos sus subjetos, los dichos frailes dominicos que residen en el pueblo de *Izúcar*.

Huacachula. El pueblo de *Huacachula*, mojonera de las quince leguas deste obispado, que tiene en encomienda los hijos de D. Jorge de Alvarado, tiénenlo á cargo con todos sus subjetos y estancias frailes franciscos, y en él tienen su monesterio.

El pueblo de *Tepapayeca*, mojonera de las quince leguas deste dicho obispado, hácia la parte del dicho sur, que tienen en encomienda los hijos del dicho D. Jorge de Alvarado, tiénenlo á cargo con todas sus estancias y subjetos los frailes dominicos, y en él tienen su monesterio. *Tepapoyeca.*

El pueblo de *Chietla*, de la mojonera de las quince leguas hácia la mar del sur, que es de la corona real, tiénenlo á cargo frailes agustinos, y en él tienen su monesterio y un hospital. *Chietla.*

El pueblo de *Chiautla*, de la corona real, pueblo de cercanía de este obispado, que cae hácia la parte de la mar del sur, tiénenlo á cargo frailes agustinos, y en él tienen su monesterio y un hospital, el cual tiene renta. Tiene de box este pueblo diez y seis leguas. *Chiautla.*

El pueblo y partido de *Huamuxtitlan*, de cercanía deste obispado, hácia la parte del Sur, que tienen en encomienda los hijos de Bernaldino Vasquez de Tapia, es vicario dél Alonso Valades, clérigo, lengua mexicana, ques la que hablan todos los naturales del dicho pueblo y sujetos. Tiene diez estancias sujetas, que distan de la dicha cabecera, unas á dos y á tres y á cuatro leguas, en las cuales dichas estancias y cabecera hay dos mill y quinientos tributarios, segun relacion de los vicarios. Enséñaseles la dotrina por la dicha lengua, por el dicho vicario. No hay hospital ni otro lugar pío en él. *Huamuxtit-lan, 2500.*

El pueblo de *Olinalá*, que es de la corona real, de la cercanía deste obispado, es vicario el dicho Alonso Valades : tiene el dicho pueblo ocho estancias á él sujetas, que la cabecera del dicho pueblo de *Olinalá* está cinco leguas, y sus estancias la que más lejos seis leguas, y la que más cerca dos leguas y media : tiene la dicha cabecera y en todas sus estancias dos mil y cien indios, segun relación de vicarios. Hablan los naturales dél la lengua mexicana, y por ella se les enseña la doctrina por el dicho vicario : no hay hospital. *Olinalá, 2100.*

El pueblo y partido de *Teutlalco*, de la corona real, de la cercanía deste dicho obispado, por la parte del sur, es vicario Juan Saez de Rojas, clérigo, lengua mexicana, que es la que *Teutlalco, 1600.*

hablan todos los naturales del dicho pueblo y sus súbjetos tiene cincuenta estancias subjetas á la dicha cabecera, que unas de otras distan á una, á dos y á tres leguas el que más; y de la dicha cabecera, donde reside el dicho vicario, cuatro leguas, por estar las dichas estancias en circuito de la dicha cabecera; y hay en la dicha cabecera·y en todas las dichas estancias mill y seiscientos tributarios. Enséñaseles la dicha dotrina por la dicha lengua mexicana. No hay hospital ni otro lugar pío.

Cuitlatenamic, 899.
El pueblo de *Cuitlatenamic,* de la cercanía deste dicho obispado, hácia la parte de la mar del sur, que es de la corona real, es vicario Alonso Hernandez de Lugo, clérigo, lengua mexicana, la cual hablan todos los naturales del dicho pueblo y sus estancias: tiene veinte estancias subjetas al dicho partido, que distan de la dicha cabecera donde reside el dicho vicario, unas á media legua y otras á legua y media, y á dos, y á dos y media, y á tres y media, y á cuatro leguas al que mas, por estar todas en circuito de la dicha cabecera; y en toda la dicha cabecera y estancias hay ochocientos y noventa y nueve tributarios. Enséñaseles la dicha dotrina por la dicha lengua, por el dicho vicario. No hay hospital en él.

Tlalcozauh-titlan, 994.
El pueblo y partido de *Tlalcozauhtitlan,* de las cercanías deste obispado, hácia la parte del dicho sur, que la mitad dél es de la corona real, y la otra mitad de Lorenzo Porcallo, es vicario Francisco de Leon Caravajal, clérigo, lengua mexicana, y los naturales dél y de sus estancias y subjetos hablan todos la dicha lengua mexicana: tiene cincuenta y dos estancias que distan de la dicha cabecera donde reside el vicario, á una legua, y á dos, y á cuatro, y á seis, y á diez, y á doce, y á catorce y quince leguas, y muchas de ellas tienen á ocho y á á diez, y á dos y á tres indios tributarios; y en todas ellas y en la dicha cabecera hay nuevecientos y noventa y cuatro tributarios: enséñaseles la dotrina por la dicha lengua. por el dicho vicario, no hay hospital en él.

Oztutla, Quimixtlan, Papalotla. 150.
Ansimismo es vicario el dicho Francisco de Leon Caravajal de los pueblos de *Oztutla* y *Quimixtlan* y *Papalotla,* de las cercanías deste obispado, hácia la mar del sur, que son de la corona real. Hablan los naturales dél la lengua mexicana.Dista

el pueblo de *Oztutla* de la cabecera donde el dicho vicario reside, cuatro leguas, y este dicho pueblo tiene seis estancias subjetas á él, que distan del dicho pueblo de *Tlalcozauhtitlan* unas á seis leguas y otras á ocho y á nueve y á trece leguas al que más ; en las cuales dichas seis estancias y cabecera de *Oztutla* hay ciento y cincuenta tributarios, porque algunas estancias tienen á tres y á cuatro y á ocho tributarios y á más. Y el pueblo de *Quimixtlan* tiene nueve estancias á él subjetas : está el dicho *Quimixtlan* de *Tlalcozauhtitlan* seis leguas ; y las dichas estancias distan á siete y á ocho y á diez leguas ; y en la dicha cabecera y estancias hay doscientos y setenta y nueve tributarios ; y el pueblo de *Papalotla* dista de la dicha cabecera de *Tlalcozauhtitlan* siete leguas y tiene quince estancias á él subjetas, que distan de la dicha cabecera de *Tlalcozauhtitlan* á seis y á siete y á ocho y á nueve leguas al que más. Tienen las estancias muchas dellas á dos y á tres y á seis y á veinte y á treinta y á más indios tributarios, que todos juntos son trescientos y ochenta. Hablan todos ellos la lengua mexicana, y por ella se les enseña la doctrina. No hay hospital en él.

380.

El pueblo de *Chilapa*, de las cercanías deste dicho obispado, hácia la mar del Sur, que tiene en encomienda Diego de Ordaz, tiénenlo á cargo, con todas sus estancias y subjetos, frailes de S. Agustin, y tienen en él su monesterio.

Chilapan, 4000.

El pueblo de *Tlapa*, de la cercanía deste dicho obispado, que la tercia parte de él es de la corona real, y las otras dos partes son de encomenderos : tiénenlo á cargo, con todas sus estancias y subjetos, los dichos frailes agustinos : tienen en él su monesterio, y este pueblo tiene de box veinte y cinco leguas en torno.

Tlapa. 6000.

El partido y pueblo de *Tixtla*, de la cercanía deste obispado, hácia la mar del Sur, que es de la corona real, es vicario Antonio de Vera, clérigo, lengua mexicana : los naturales dél y de sus estancias hablan todos la dicha lengua : tiene treinta estancias á él subjetas, que distan de la dicha cabecera á dos y á tres y á cuatro y á diez leguas la que más : hay en todas ellas y en la dicha cabecera nuevecientos y un tributarios : enséñaseles la dotrina por la dicha lengua mexicana : no hay hospital en él.

Tixtla, 901.

Muchitlan.
489.

Ansimismo es vicario del pueblo de *Muchitlan* de la corona real, que está de la cabecera de *Tixtla* donde reside el dicho vicario, dos leguas : tiene quince estancias á él subjetas, en las cuales y en la dicha cabecera hay cuatrocientos ochenta y nueve tributarios, los cuales todos hablan la dicha lengua mexicana y por ella se les enseña la dotrina. Distan las estancias de la cabecera de *Muchitlan* á dos y á tres leguas y á cuatro y á seis el que más : no hay en él hospital.

Xalapa, 40.

El partido y pueblo de *Xalapa*, de la corona real, de la cercanía deste dicho obispado hácia la mar del sur, es vicario Luis de Acuñada Bobadilla, clérigo, lengua mexicana : tiene la dicha cabecera cuarenta tributarios : hablan lengua mexicana : y ansimismo tiene otra cabecera que se dice *Copalites*,

Copalites,
30.

de la corona real, que tiene treinta indios tributarios : ansimismo es vicario del pueblo de *Acatlan*, de la corona real, que

Acatlan, 50.

tiene cincuenta tributarios ; y ansimismo del pueblo de

Colutla, 102.

Colutla, de la corona real, que tiene cuatro estancias subjetas á él : en las cuales y en la dicha cabecera hay ciento y dos tributarios y ansimismo es vicario del pueblo de *Coyuca* de la

Coyuca, 187.

corona real el cual tiene cinco estancias, que en ellas y en la cabecera hay ciento y ochenta siete tributarios : ansimismo es

Cintla, 46.

vicario del pueblo de *Cintla*, que es de S. M., el cual tiene dos estancias, y en ellas y en la dicha cabecera hay cuarenta y seis indios tributarios : y ansimismo es vicario del pueblo de

Quauhtepec,
106.

Quautepec que tiene en encomienda Pedro Dávila Quiñones, el cual tiene dos estancias que en la cabecera y en ellas hay ciento y seis tributarios : ansimismo tiene á cargo el dicho

Azoyoque,
250.

vicario el pueblo de *Azoyoque*, con otras cuatro estancias todas subjetas á *Tlapa*, que en todas las dichas estancias y *Azoyoque* hay doscientos y cincuenta tributarios : todos los cuales dichos pueblos y estancias de suso declaradas distan de la cabecera de *Acatlan* donde reside el dicho vicario, al que más lejos doce leguas, y al que menos están á una y á dos y á tres y á seis y á más leguas, hasta doce, como dicho es. Y en todas las dichas cabeceras y estancias de suso declaradas hay ochocientos y once tributarios, como está dicho : hablan todos la lengua mexicana, y por ella se les enseña la doctrina : no hay hospital en todos ellos, ni otro lugar pío.

El partido y pueblo de *Xocutla*, cabecera por sí, que la mitad dél es de la corona real, y la otra mitad tiene en encomienda Jusepe de Monresi, que es en la costa de la mar del sur, es vicario Diego Holguin Aguirre, clérigo, lengua mexicana : tiene una estancia que dista de la cabecera cuatro leguas, en la cual y en la dicha cabecera hay doscientos y cuarenta tributarios : hablan la lengua mexicana y la lengua *yope*, y por ambas se les enseña la dotrina : no hay hospital ni otro lugar pío. *Xocutla, 240.*

Ansimismo es vicario el dicho Diego Holguin Aguirre del pueblo de *Cacahuatepec*, que tiene en encomienda Da. Ines de Leyva : está á cuatro leguas de la cabecera de *Xocutla*, donde reside el dicho vicario. Tiene este pueblo una estancia que dista de la dicha cabecera otras cuatro leguas : hay en ella y en la dicha cabecera ciento y cuarenta tributarios : Hablan la dicha lengua mexicana y la de *yope*, y por ellas se les enseña la dotrina. *Cacahuatepec, 140.*

Ansimismo es vicario el dicho Diego Holguin Aguirre del pueblo de *Xochitepec*, de la corona real, que está cuatro leguas de la cabecera de *Xocutla*, donde reside el dicho vicario : tiene treinta tributarios : hablan las dichas lenguas arriba dichas y por ellas se les enseña la dicha dotrina por el dicho vicario. *Xochitepec, 30.*

Ansimismo es vicario el dicho Diego Holguin Aguirre del pueblo de *Pochotitlan*, de la corona real, que está cinco leguas de la cabecera de *Xocutla* : tiene una estancia, en la cual y en la cabecera hay ciento y cuarenta tributarios : hablan la lengua mexicana, y por ella se les enseña la dotrina. *Pochotitlan, 30.*

Ansimismo es vicario el dicho Diego Holguin del pueblo de *Ayutla*, que tiene en encomienda Francisco Lozano : está de la cabecera de *Xocutla* siete leguas : tiene dos estancias que distan la una dos leguas y la otra una legua de la cabecera de *Ayutla*, en las cuales dichas dos estancias y cabecera hay doscientos y sesenta tributarios : hablan la lengua mexicana y *yope*, y por ellas se les enseña la dicha doctrina. *Ayutla, 270.*

Ansimismo es vicario del pueblo de *Tututepec*, que tiene en encomienda el dicho Francisco Lozano : está de *Xocutla* siete leguas : tiene dos estancias subjetas, que la una está una legua y la otra está tres leguas de la cabecera de *Tututepec* ; y en *Tututepec, 200.*

ellas y en la dicha cabecera hay doscientos tributarios : hablan las dichas lenguas, y por ellas se les enseña la doctrina.

Xochtonala. **240.**

Ansimismo es vicario del pueblo *Xochtonala*, que tiene en encomienda el dicho Francisco Lozano : está de la cabecera de *Xocutla*, donde reside el dicho vicario nueve leguas : tiene dos estancias que distan la una de la cabecera de *Xochitonala* tres leguas, y la otra una legua : en las cuales y en la dicha cabecera hay doscientos y cuarenta tributarios : hablan las dichas lenguas, y por ellas se les enseña la doctrina : no hay en todos ellos hospital ni otro lugar pío.

Cholula.

La ciudad de *Cholula*, con todos sus subjetos, que está dos leguas desta ciudad de los Ángeles, que es de la corona real : tiénenlo á cargo frailes franciscos, y en ella tienen fundado su monasterio : enseñan los religiosos la doctrina á los naturales della.

Huexocingo.

La ciudad de *Huexocingo*, de la corona real, mojonera de las quince leguas deste obispado, que está cinco leguas desta ciudad de los Ángeles, tiénenlo á cargo frailes franciscos, y en él tienen su monesterio.

San Salvador, **2100.**

El partido y pueblo de San Salvador, que es sujeto á la ciudad de *Huexocingo*, que está tres leguas de ella, es vicario Alonso Jimenez, clérigo, lengua mexicana. Tiene esta cabecera de S. Salvador, tres estancias, que la una se dice *Tezmeluca*, que ansimismo es mojonera esta estancia, de este dicho obispado entre el arzobispado de México, y es el último mojón, que dista de la cabecera de San Salvador legua y media ; la otra dice S. Felipe : está de S. Salvador una legua : la otra se dice *Aztotohuacan*, que está medio cuarto de legua de S. Salvador ; y en las dichas tres estancias y cabecera hay dos mill y cien indios tributarios : hablan todos la lengua mexicana, y por ella se les enseña la doctrina por el dicho vicario : no hay en él hospital ni otro lugar pío.

Calpa.

El pueblo de *Calpa* que tiene en encomienda Diego de Ordaz que está á un lado de la ciudad de *Huexocingo* hácia poniente : tiénenlo á cargo con todos sus sujetos y estancias frailes franciscos, y en él tienen su monesterio, y enseñan la doctrina á los naturales, que hablan todos la lengua mexicana.

La facultad que el prelado da á sus visitadores generales que envía á visitar su obispado, es que sepan si los súbditos de su obispado son industriados en las cosas de nuestra santa fé católica por los vicarios de los pueblos que los tienen á cargo y si les administran los santos sacramentos de la Eucaristía, bautismo y matrimonio con el cuidado y diligencia que conviene, y si de parte de los vicarios hay remision y descuido en lo susodicho ó en elguna cosa dello, ó si dan mal ejemplo á los naturales en sus tratos y conversaciones le corrijan y castiguen, y que puedan conocer de todos los casos y negocios tocantes á la jurisdicción eclesiástica de primera instancia, eceto en los casos reservados á los perlados, en los cuales se les manda que fechas las informaciones, cerradas y selladas y presos los culpados, los envíen ante el perlado para que se vean y determinen y puedan dar sus cartas y censuras en los casos y cosas que de derecho oviere lugar, y que no permitan ni consientan que se hagan iglesias y monesterios sin licencia de S. M. y del perlado, y para que visiten todas las iglesias y pilas de bautismos y las cofradías que hay en los pueblos del obispado.

La facultad que se da á los vicarios que se proveen en los pueblos deste obispado es que puedan administrar los santos sacramentos de la Eucaristía y Extremauncion, bautismo y matrimonio á los naturales de su partido como cura dellos, y puedan conocer de todos los casos y negocios tocantes á la jurisdicción eclesiástica de primera instancia, eceto en los casos de herejía y apostasía, y en los demás casos reservados al perlado, y en estos, se les manda que fechas las informaciones, cerradas y selladas las envíen ante el perlado, prendiendo ante todas cosas á los culpados, y puedan dar sus censuras en los casos y cosas que de derecho oviere lugar.

El orden que se tiene en la doctrina que se enseña á los naturales es que en todos los pueblos desta Nueva España hay escuelas adonde enseñan á leer y á escrebir á los muchachos, y la dotrina por la cartilla que hay impresa conforme á su lengua ; y generalmente en todos los domingos y fiestas de guardar por la mañana, antes de la misa y sermon se les enseña por los vicarios y *nahuatlatos* que para ello tienen las cuatro oraciones, *Pater noster, Ave Maria, Credo* y la *Salve*

Regina, en latin y en su lengua, y todos los artículos y mandamientos y lo demas de la cartilla en su lengua, y se les predica en su lengua.

El catequismo es lo que se contiene en los manuales que hay impresos en esta Nueva España en las lenguas.

Los límites y mojoneras que tiene este obispado son los que van declarados en la discrecion de los pueblos. El chantre de *Tlaxcala,* (firmado).

Yo, Cristobal de Orduña, notario público apostólico por Autoridad Apostólica y Secretario del Cabildo deste obispado de *Tlaxcala,* sede vacante, lo susodicho escrebí segun y de la manera que va escripto, por mandado del muy magnífico y muy reverendo Señor D. Alonso Perez de Andrada, chantre, que aquí firmó su nombre, Juez Provisor, oficial é Vicario general en este dicho obispado por el Ilustre y Rmo. Señor Dean y Cabildo y por ende fice aquí este mío signo, que es atal. (Un signo) En testimonio de verdad –- Xpoual. de Orduña, notario público Apostólico.

LOS PUEBLOS DONDE PROVEE EL OBISPO DE *MECHUACÁN,* Y EL DISTRITO QUE TIENE, Y OTRAS COSAS TOCANTES Á SU OBISPADO.

RELACIÓN y MEMORIA para el Exmo. Señor Visorrey, de las cosas que Su Excᵃ invia á mandar se le invie relación dellas para inviar á Su Magᵗ.

Visitadores.

Primeramente en cuanto á los visitadores que se han proveido en este obispado, en tiempo que fué obispo D. Vasco de Quiroga, tan solo proveyó en todo su tiempo por visitador al bachiller Alonso Hespino, inviándole con el juez cuando se fueron á echar los mojones entre los términos deste obispado y Nuevo Reino de Galicia hasta las minas de *Guanajuato,* con comision limitada, via recta, y ocupóse en la visita y camino hasta seis meses, poco más ó menos, y todo el mas tiempo se ocupó en la dicha visita en las minas de *Guanajuato* conforme á la comision cuyo traslado va con esta.

El Sr. Obispo D. Antonio Morales de Molina que al presente es deste obispado, desde que vino á él nombró por su visitador á D. Alonso Pasillas, el cual hace la dicha visita, porque sale en compañía del Sr. Obispo cuando sale á confirmar y á visitar él mesmo su obispado, y conoscerá de todos los casos concernientes al prelado, por le llevar, como le lleva, en su compañía. *Item.*

Las provisiones que se dan á los curas y vicarios que el prelado provee son limitadas, porque tan solamente se les da facultad para la administracion de los santos Sacramentos ; y en lo que toca á los delitos, incestos, amancebados y otros casos los reserva para sí, como paresce por el treslado de las provisiones, que se les suele dar, que va con esta. *Las comisiones de los curas y vicarios que se proveen.*

La orden que se tiene del Catecismo y la doctrina que se enseña, es que en cada un día de ordiario se tiene por costumbre, que en cada colacion haya un recogedor indio que recoja todos los niños que hay y los llevan á la iglesia, y allí les enseñan la doctrina cristiana por dos indios, conforme á la cantidad de niños que hay, y los domingos, pascuas y fiestas de guardar se recoje toda la gente, y en el patio de la iglesia antes de la misa se les enseña á todos la doctrina cristiana. *La orden que se tiene del catecismo y doctrina.*

Las cercanías que este obispado tiene adjudicadas son que confinan el dicho obispado con la villa de *Colima*, que es provincia por sí, y tiene asimismo por otra parte que confina con el mismo lado de la villa y costa de *Zacatula*, que es del Mar del Sur, hácia la parte del este ; y asimismo tiene por cercanía los pueblos de *Tuxpa* y *Zapotlan*, y confina con el nuevo reino de Galicia ; y por la parte del arzobispado de México tiene por cercanía la villa de S. Miguel y pueblo de *Querétaro*, que confina con términos del pueblo de *Xilotepeque*. *Las cercanias deste obispado.*

Estuvo vacante este obispado de *Mechuacan* por muerte de D. Vasco de Quiroga, primer obispo dél, hasta que se proveyó D. Antonio Morales de Molina, obispo que al presente es, tiempo de tres años poco más ó menos. En todos estos partidos de *Colima* y *Zacatula* y *Querétaro*, y pueblos de *Tuxpa* y *Tamazula* y *Zapotlan* se proveen curas y vicarios en cada un partido. *El tiempo que estuvo vacante este obispado.*

Los prebendados que al presente hay en la iglesia catedral de *Mechuacan* son D. Diego Rodriguez, dean ; D. Pedro de *Los prebendados que hay.*

Yepes, tesorero ; y D. Diego Perez Negron, chantre, y el licenciado Juan Marquez y Garci Rodriguez Pardo y Francisco de Beteta y Joan de Velasco y Antonio de Ayala y D. Alonso Pasillas, canónigos que son seis ; y en la dicha iglesia al presente no la sirven más de dos canónigos y un prebendado, porque el dean está en la ciudad de México, más ha de tres años, y D. Diego Perez Negron, chantre, está por cura y vicario en los pueblos de *Axuchillan,* y tres canónigos estan proveidos en partidos, y D. Alonso Pasillas anda en compañía del obispo, porque es visitador. Fué maesescuela D. Juan Zurnero, el cual se fué á España y volvió por arcediano del arzobispado de México, y sucedió en este cargo Joan de Portillo, el cual tomó la posesion dél, y ha más de ocho años que no la sirve, porque reside en el arzobispado de Mexico por provisor.

Copia de los pueblos de la Provincia, con sus sujetos, y los frailes y los clérigos que los industrian.

Primeramente la ciudad de *Mechuacan,* que es cabecera de toda la provincia : en ella hay la iglesia catedral donde es obispo el Dr. D. Antonio Morales de Molina : hay en ella cinco dignidades y siete canónigos : hay un cura : hay un colegio que fundó D. Vasco de Quiroga, obispo que fué desta provincia : hay en él de ordinario de veinticinco á treinta colegiales : hay un hospital donde de ordinario hay españoles y naturales. Hay asimismo un monesterio de frailes franciscos, que en él residen de ordinario dos frailes : la mayor parte de los naturales oyen misa en la dicha iglesia catedral.

Los barrios que tiene la dicha ciudad de naturales, que son subjetos á ella, y la doctrina que tienen en las iglesias.

El barrio que dicen de D. Antonio, son subjetos á la doctrina desta ciudad.

El barrio de D. Francisco Tariacure es subjeto á la doctrina desta ciudad.

El barrio que dicen de *Pazquaro* subjeto á la doctrina desta ciudad.

El barrio de D. Marcos subjeto á la dicha doctrina.

El barrio de D. Francisco Quiris, subjeto á la dicha doctrina.

El barrio de *Pareo* subjeto á la dicha doctrina.

El barrio de S. Juan Bautista, subjeto á la dicha doctrina.

El barrio de S. Joan Evangelista, subjeto á la dicha doctrina.

El barrio de Santiago subjeto á la dicha doctrina.

El barrio de *Huiramangaro* subjeto á la dicha doctrina.

El barrio de *Curumendaro* subjeto á la dicha doctrina.

El barrio de *Iniban* subjeto á la dicha doctrina.

Estos son los barrios que acuden á la doctrina de la ciudad de *Mechuacan.*

Zinzonza es cabecera y subjeto desta dicha ciudad. Tiene un monesterio de frailes franciscos : Hay de ordinario dos y tres frailes y muchas veces más, de misa y hermanos. Esta cabecera tiene los subjetos siguientes :

Zinzonza.

El barrio que dicen de D. Bartolomé es subjeto á la dicha doctrina.

El barrio de S. Pablo es subjeto á la dicha doctrina.

El barrio de M*. Madalena ocurre á la dicha doctrina.

El barrio de *Yaguaro* acude á la dicha doctrina.

El barrio de *Zananbo* acude á la dicha doctrina.

El barrio de *Cerandangacho* acude á la dicha doctrina.

El barrio de S. Mateo acude á la dicha doctrina.

El barrio de S. Lorenzo acude á la dicha doctrina.

El barrio de *Hiuatzco* acude á la dicha doctrina de *Zinzonza.*

La cabecera de *Erongaricaro*, subjecto á esta dicha ciudad, tiene un monesterio de frailes de la orden de S. Francisco : tiene de ordinario dos frailes de misa : ocurren á la doctrina los barrios siguientes :

Cabecera de Erongaricuaro.

El barrio de *Huricho* acude á la dicha dotrina.

El barrio de *Xaraquaro* acude á la dicha dotrina.

El barrio de *Pichataro* acude á la dicha dotrina.

El barrio de S. Andres acude á la dicha dotrina.

El barrio de S. Gerónimo acude á la dicha dotrina.

El barrio de *Xarapen* acude á la dicha doctrina. Hay una iglesia donde hay un cura que les dice misa y enseña la doctrina cristiana.

El barrio de *Opopeo* ocurre á la dicha dotrina.

La cabecera de *Ario* tiene una iglesia donde está un cura que se llama Joan Diez.

La cabecera de Ario, corregimiento por sí.

El barrio de *Izta* ocurre á la dicha dotrina.

El barrio de *Urecho*, subjeto á esta ciudad, ocurre á la dicha dotrina.

La cabecera de *Cho-cándiro*. La cabecera de *Chocándiro* tiene un cura que se llama Bustamante, que les dice misa y enseña la doctrina cristiana. Es pueblo de Gonzalo Galvan, encomendero dél. Ocurren á él los barrios siguientes :

El barrio de *Atenguato* ocurre á la dicha doctrina.

El barrio de los Tres Reyes ocurre á la dicha doctrina.

El barrio de *Pinjoan* ocurre á la dicha doctrina.

El barrio de *Cochurio* ocurre á la dicha doctrina.

Hay otras estanzuelas que ocurren á la dicha doctrina, que no hay en ellos alcaldes, ni gobernador ni regimiento.

El barrio de *Thsiquimitio*, subjeto á esta ciudad tiene su iglesia, y el dicho cura Bustamante dice allí misa algunas veces por semanas.

Cabecera el pueblo de *Cuiseo*. Agust. El pueblo de *Cuiseo* es cabecera : tiene un monesterio de frailes agustinos : tiene dos y tres frailes y más. Hay otro monesterio en la cabecera de Santiago, que es en el mesmo pueblo : es de frailes agustinos : hay en él dos ó tres frailes : es pueblo de S. M. Acuden á *Cuiseo* los Barrios :

El barrio de *Jeruco* acude á la misma dotrina.

El barrio de S. Miguel acude á la missa dotrina.

El barrio de *Cazo* acude á la missa dotrina.

El barrio de S. Pedro acude á la missa dotrina.

El barrio de *Arucutin* acude á la missa dotrina.

El barrio que dicen de *Mayari* acude á la missa dotrina.

El barrio de *Tayao* acude á la missa dotrina.

El barrio de Sancta Mónica acude á la missa dotrina.

El barrio de *Quaracurio* acude á la missa dotrina.

El barrio de *Auyameo* acude á la missa dotrina.

El barrio de *Onxao* acude á la missa dotrina.

El barrio de S. Miguel acude á la missa dotrina.

Santiago. Al monesterio de Santiago que es subjeto de *Cuiseo*, que hay los dichos dos ó tres frailes agustinos, ocurren los barrios siguientes :

El barrio de *Huriparao* acude á la dicha dotrina.

El barrio de *Guanaxo* acude á la dicha dotrina.

El barrio de *Jungapeo* ocurre á la missa y dotrina.

El barrio de S. Juan ocurre á la missa y dotrina.

El barrio de *Tararamequaro* acude á la dicha dotrina.

Otros barrios pequeños de pocas casas ocurren á la misa y doctrina.

El pueblo de *Huandacareo* subjeto á *Cuiseo* estos indios ocurren al dicho pueblo de *Cuiseo* que está dos leguas, y de allí los viene á visitar muchas veces.. Tiene los barrios siguientes que acuden á *Cuiseo* cuando no les viene allí á decir misa. La cabecera de *Huandacareo*.

El barrio de *Capamucutiro* ocurre á *Cuiseo.*

El barrio de Santiago *Caropo* acuden á la dicha doctrina.

El barrio de los olleros acuden á la dicha dotrina.

El barrio de *Xuchamicho* ocurre á la misma doctrina.

El pueblo de *Huaniqueo* es cabecera, y está en cabeza de S. M. Tiene un cura que se llama Simon Paez, que les dice misa y da los sacramentos. Tiene los subjetos siguientes : El pueblo de *Huaniqueo*, cabecera.

El barrio que dicen de San Miguel, que acude á la dicha doctrina.

El barrio que dicen de *Huaraxo* S. Pedro que ocurre á la dotrina.

El barrio que dicen de *Ichapisco* S. Fº acuden á la dotrina.

El barrio que dicen de *Tauaque* acude á la dotrina.

El barrio que dicen *Cuçaro* acude á la dicha doctrina.

Hay otras estanzuelas pequeñas que acuden á la dicha doctrina.

El pueblo de *Orirapúndaro* es cabecera : está en cabeza de S. M., y en él hay dos, tres, cuatro frailes de la orden de S. Agustin que dicen misa y administran los santos sacramentos á los naturales. Tiene los barrios siguientes : El pueblo de *Orirapúndaro*, cabecera.

El barrio que llaman *Tarecato* acuden á él á la doctrina.

El barrio que dicen de *Chumbo* acuden á la dicha doctrina.

El barrio de *Quialoxo* acuden á la dicha doctrina.

El barrio de *Sorano* acuden á la dicha doctrina.

El barrio que dicen de *Emonguaro* acude á la dicha doctrina.

El barrio que dicen de Sancta Maria acude á la dicha doctrina.

El barrio de *Axichinao* acude á la dicha doctrina.

El barrio que dicen de los *Chichimecas* acude á la dicha dotrina.

El barrio de *Corao* acude á la dicha doctrina.

Hay otras estanzuelas pequeñas que acuden á la dicha doctrina.

El pueblo de *Comanja*, cabecera, es pueblo de encomendero, que es de Joan Infante ; en él hay una iglesia donde esta un cura que les administra los sacramentos, que se dice Arbolanche : acuden á oir misa los subjetos de la dicha cabecera que son los siguientes, y los visita el cura.

El barrio que dicen *Parachuen* acude á la dicha dotrina.

El barrio de Naranja acude á la dicha doctrina.

El barrio que dicen de S. Pedro acude á la dicha doctrina.

El barrio de *Queneo* tiene iglesia donde reside el dicho clérigo mucho tiempo del año, donde administra los sacramentos : acuden á él los barrios siguientes :

El barrio que dicen de *Cipiaxo*.

El barrio de *Thsitindaro* acude á la dicha doctrina.

El barrio de *Compochero* acude á la dicha doctrina.

El barrio de *Cutzaro* acude á la dicha doctrina.

Hay otras estanzuelas pequeñas que acuden á la dicha doctrina.

El pueblo de *Sivina* es cabecera : está en cabeza de Joan Infante, tiene una iglesia donde está un cura que se dice Cristóbal Cola. Ocurren á la doctrina los barrios siguientes :

El barrio de *Naguatzen* ocurre á la dicha doctrina.

El barrio de *Aran* ocurren á la dicha doctrina.

El barrio de *Capaquaro* acude á la dicha doctrina.

El barrio que dicen de Santa Catarina acude á la doctrina.

Hay otras estanzuelas que ocurren á la dicha doctrina.

El pueblo de *Aranjan* es cabecera encomendada en Joan Infante : hay en ella iglesia y cura que se llama Hernan Perez Coluna : díceles la doctrina cristiana y administra los sacramentos, y acuden allí los barrios siguientes :

El barrio que llaman de *Cheran* acude á la dicha dotrina.

El barrio de S. Pedro acude á la dicha dotrina.

El barrio que dicen de *Urapicho* acude á la dicha dotrina.

El barrio que dicen de Santa Isabel acude á la dicha doctrina.

El barrio de *Nurio* ocurre á la dicha dotrina

Hay otras estanzuelas que acuden á la dicha dotrina.

El pueblo de *Istapa* es cabecera encomendada en Salvador Gomez : tiene una iglesia donde está Diego de Vargas, cura de la dicha iglesia : ocurren á la dicha doctrina los barrios siguientes :

El barrio que dicen de S. Miguel ocurre á la dotrina.

El barrio que dicen de S. Gerónimo ocurre á la dotrina.

El barrio que dicen de *Copoyo* acude á la dicha doctrina.

El barrio que dicen de S. Juan ocurre á la dicha dotrina.

Hay algunas estanzuelas pequeñas, ocurren á la dicha doctrina.

El pueblo de *Cirosto* es cabecera : está encomendado en Francisco de Villegas : tiene una iglesia donde está un cura que le dicen el canónigo Joan de Velasco : adminístrales los sacramentos : ocurren á él los barrios siguientes :

El barrio de S. Pedro *Tzacan* ocurren á la dicha dotrina.

El barrio de Santiago *Parangaricotiro* ocurre á la dicha dotrina.

El barrio de S. Josefe ocurre á la dicha dotrina.

El barrio de *Cingauan* ocurre á la dicha dotrina.

El barrio de Santa Catalina ocurre á la dicha dotrina.

El barrio de *Quanbocheo* ocurre á la dicha dotrina.

El barrio que dicen de *Ilapo*, ocurre á la dicha dotrina.

El barrio de S. Josefe ocurre á la dicha dotrina.

El barrio de S. Francisco ocurre á la dotrina.

El barrio de *Nurio* acude á la dicha doctrina.

El barrio de *Charapan* acude á la dicha doctrina.

El barrio de *Hapo* ocurre á la dicha doctrina.

El barrio de *Tepachao* ocurre á la dicha dotrina.

El barrio de Santángel ocurre á la dicha doctrina.

El barrio de Santiago *Tingambato* ocurre á la dotrina.

El barrio de *Curundahpan* ocurre á la dicha dotrina.

El barrio de *Curu* Sant Andres ocurre á la dicha doctrina.

El barrio de *Taretan* ocurre á la dicha doctrina.

Hay otras estanzuelas que ocurre á la dicha dotrina.

El pueblo de *Uruapa* es cabecera y encomienda de... de Villegas : tiene un monesterio de la orden de S. Francisco : hay en él de ordinario dos frailes que les administran los sacramentos y doctrina : ocurren á él los barrios siguientes ·

El barrio de S. Lorenzo ocurre á la dicha dotrina.

El barrio de Sancta Catarina ocurre á la dicha dotrina.

El barrio de *Taciran*, S. Gregorio ocurre á la dicha dotrina.

El barrio de *Xicalan* ocurre á la dicha doctrina.

El barrio de *Corroi* ocurre á la dicha doctrina.

El barrio de Churapan ocurre á la dicha doctrina.

El pueblo de *Tancitaro* es cabecera. El pueblo de *Tancitaro* es cabecera : es la mitad de S. M., y la otra mitad de Domingo de Medina : tiene un monesterio de frailes de la orden de S. Francisco : están de ordinario en él dos frailes : ocurren á la doctrina á él los barrios siguientes :

El barrio que dicen de *Urunduco* ocurren á la doctrina.

El barrio que dicen de *Hapo* ocurren á la dicha doctrina.

El barrio de Santiago ocurren á la dicha dotrina.

El barrio que dicen de S. Gregorio ocurren á la dicha doctrina.

El barrio de *Apacingan* ocurre á la dicha dotrina.

El barrio de *Tendechutiro* ocurre á la dicha dotrina.

El barrio de *Acauato* acude á la dicha dotrina.

El barrio de *Picho* acude á la dicha dotrina.

El barrio de *Queréndaro* ocurre á la dicha dotrina.

Hay otras estanzuelas pequeñas acuden á la dicha doctrina.

El barrio de *Puraquaro* acude á la dicha dotrina.

El pueblo de *Indaparapeo* que es cabecera. El pueblo de *Indaparapeo*, que es cabecera : está encomendado en Gaspar Morcillo : es cabecera : tiene una iglesia donde está un clérigo que se dice Gonzalo Pareja, cura del dicho pueblo, que les dice misa y la doctrina. Ocurren á él los barrios siguientes.

El barrio de S. Miguel *Tarengoni* ocurre á la dicha doctrina.

El barrio de *Joanbetancuro* ocurre á la dicha dotrina.

El barrio de *Quengoyo* ocurre á la dicha dotrina.

El barrio de S. Mateo y el de S. Francisco ocurre á la dicha doctrina.

El barrio de Santiago de los Pescadores *Cingeo* acuden á la dicha doctrina.

El barrio de S. Bartolomé ocurre á la dicha dotrina.

El barrio de S. Juan Baptista acude á la dicha dotrina.

Hay otras estanzuelas como estas que ocurren á la dicha doctrina.

El pueblo de *Toricato* es cabecera, está la mitad en cabeza de S. M. y la otra mitad en Diego Fernandez, nieto conquistador, el cual tiene una iglesia donde está Lorenzo Sanchez, cura que les dice misa y administra los sacramentos. Ocurren á la dicha doctrina los barrios siguientes :

El barrio que dicen de *Paroche* ocurre á la dicha doctrina.

El barrio de *Paracacho* ocurre á la dicha doctrina.

El barrio de *Tentegeo* ocurre á la dicha doctrina.

El barrio de *Yurequaro* ocurre á la dicha doctrina.

El barrio de *Pintzan* ocurre á la dicha doctrina.

El barrio de *Pahpahtzio* ocurre á la dicha doctrina.

Este clérigo está en esta cabecera un mes y menos, y despues sale á visitar los subjetos, por estar más de veinte leguas y más los subjetos. Se está en la visita un mes y dos meses, y tórnase á la cabecera para cumplir con todos, y esto se tiene de costumbre, y ocurren á esta visita y dotrina los barrios siguientes :

El barrio de *Cuthsian* tiene su iglesia y donde se administran los sacramentos.

El barrio de *Sanchiq°* tiene lo mismo.

El barrio de *Hacopeo* tiene lo mismo.

El barrio de *Quaraq°* tiene lo mismo.

El barrio de *Aguixocoto* tiene lo mismo.

El barrio de *Guaracaro* tiene lo mismo.

El barrio de *Uruetaro* tiene lo mesmo.

El barrio de *Ocumacoro*. El barrio de *Ista*.

El barrio de *Guiringuaro* tiene lo mismo.

El barrio de S. Antonio tiene lo mismo.

El barrio de *Cansindangapeo*.

El barrio de *Patamo* tiene lo mismo.

El barrio de *Guatananguco*.

El barrio de S. Miguel.

El barrio de *Curucupaeço*.

El barrio de *Acumbaro* tiene lo mismo.

Este clérigo andados todos estos barrios que tiene de visita, y tienen iglesias donde los administran los sanctos sacramentos, se vuelve á la cabecera de *Toricato*, y está veinte dias y torna á visitar los dichos pueblos.

El pueblo de Xabo y Teremendo es cabecera.

El pueblo de *Xabo* y *Teremendo* son cabeceras y tienen iglesias y cura, que se dice el bachiller Alonso Espino y les administra los sacramentos. Ocurren á esta doctrina los barrios siguientes :

El barrio que dicen de S. Miguel ocurre á la dicha doctrina.

El barrio que dicen de los tres Reyes ocurre á la dotrina.

El barrio que dicen de S. Juan Baptista ocurre á la dotrina.

El barrio que dicen de S. Mateo *Caropo* ocurre á la dotrina.

El barrio que dicen de *Poroaco* acude á la dicha dotrina.

El barrio de la Asuncion ocurre á la doctrina.

El barrio de Santiago *Aracheo* ocurre á la dotrina.

Hay algunas estanzuelas que ocurren á la dicha.

El pueblo de Arimao es cabecera.

El pueblo de *Arimao* es cabecera : está la mitad en cabeza de S. M. y la otra mitad está en el heredero de Francisco de Herrera. Tiene iglesia donde hay un clérigo que tiene cargo de tres pueblos, que se llama Francisco de *Xaualeza*. Los tres pueblos son cabeceras : tienen sus iglesias : acuden á la cabecera de *Arimao* los barrios siguientes, y á la doctrina dél.

El barrio de *Cuindo* acude á la dicha doctrina.

El barrio de *Guisto*.

Algunas estanzuelas.

Tlapalcatepeque.

Tlapalcatepeque es cabecera : tiene su iglesia : el dicho clérigo dice en él misa : acuden á la doctrina los barrios siguientes :

El barrio de Sta. Ana.

El barrio de *Chilatlan*.

El barrio de *Coqueo* y otras estanzuelas.

Xilotlan es cabecera.

El pueblo de *Xilotlan* es cabecera, y donde más asiste el dicho clérigo, que en otra parte anda visitando. Ocurren á la dicha doctrina los barrios siguientes :

El barrio de *Uruetaro*.

El barrio de S. Gerónimo.

El barrio de *Tomatlan*.

El barrio de *Sirauato*.

El barrio de *Xilatlancingo*.

El barrio de *Coromao*.

El barrio de *Cuzutlan*.

El barrio de *Tlachinola*.

El barrio de *Toliman*.

El barrio de *Tangeo*.

Y otras estanzuelas que acuden á la dicha dotrina.

El pueblo de *Tacámbaro*, cabecera, encomendado en Hernando de Oñate, tiene un monesterio de frailes agustinos, donde hay de ordinario dos, tres frailes que les dicen misa y les administran los sacramentos. Ocurre á la doctrina é misa los barrio siguientes . El pueblo de *Tacámbaro* es cabecera.

El barrio de *Cutzaro* ocurre á la dicha doctrina.

El barrio de *Yurirepacutio*.

El barrio de S. Miguel ocurre á la dicha doctrina.

El barrio de *Itureo* ocurre á la dicha doctrina.

El barrio de *Cucuropo* acude á la dicha doctrina.

Otras estanzuelas que ocurren á la dicha doctrina.

El pueblo de *Tiripitio* está en cabeza de S. M., tiene un monesterio de frailes agustinos donde están de ordinario cuatro ó cinco ó más frailes que dicen misa y la doctrina cristiana. Ocurren á ella los barrios siguientes : *Tiripitio* es cabecera.

El barrio de Santa Catarina.

El barrio de *Coringuaro*.

El barrio de *Topatoro*.

El barrio de *Oporo*.

El barrio de *Aquicec*.

El barrio de *Cangeo* ocurre á la dicha doctrina.

El barrio de *Guaximbo*.

El barrio y otras estanzuelas pequeñas que acuden á la dicha dotrina.

El pueblo de *Necotlan*, cabecera, está en cabeza de S. M. ; tiénenlo de visita los frailes de *Tiripitio*, agustinos, que les dicen misa y la doctrina. Ocurren á ella los barrios siguientes : El pueblo de *Necotlan*.

El barrio de *Necotlantongo*.

El barrio de S. Josepe.

El barrio de la Madalena.

Y otros subjetos que ocurren á la dicha dotrina.

El pueblo de *Tarimbaro* es cabecera encomendada, encomienda de Diego Arias de Sotelo : tiene un monesterio de frailes franciscos, que á las veces hay dos frailes é otras hay El pueblo de *Tarimbaro*.

uno que les dicen misa y la dotrina cristiana. Acuden á la dicha doctrina los barrios siguientes.

El barrio de *Irapeo* Santiago.

El barrio de *Cuperataro*, que se dice S. Juan.

El barrio de *Acaxeno* Santa Cruz acuden á la dicha dotrina.

El barrio de *Condacherao* acude á la dicha dotrina.

Y otras estanzuelas ocurren á la dicha dotrina.

El pueblo de *Capula*. El pueblo de *Capula* es cabecera : está en cabeza de S. M. Tiene una iglesia donde está Joan Diaz, vicario puesto por el obispo de *Mechuacan*, que les dice misa y les administra los sacramentos. Acuden á la dicha dotrina los barrios siguientes :

El barrio de S. Niculas.

El barrio de S. Pedro.

El barrio de *Hacopeo*.

El barrio de S. Juan *Coco*.

El barrio de los tres Reyes.

El barrio de S. Lorenzo.

El barrio de Santa Cruz.

El barrio de S. Bernabé.

El barrio de S. Francisco.

El barrio de S. Mateo.

El barrio de Santa Cruz.

Tienen otras estanzuelas que acuden á la dicha doctrina.

La villa de *Matalcingo*. La villa de *Matalcingo* es cabecera del Estado del Marqués del Valle : hay en ella un monesterio de frailes agustinos : suelen estar de ordinario dos frailes de la dicha orden que les dicen misa y les administran los santos sacramentos. Ocurren á la dicha doctrina los barrios siguientes :

El barrio de S. Niculás acude á la dicha dotrina.

El barrio de S. Miguel ocurre á la dicha dotrina

El barrio de *Checheo* acude á la dotrina.

El barrio de *Patamoro* acude á la dotrina.

El barrio de *Querétaro* acude á la dicha dotrina

El barrio de *Urereo* acude á la dotrina.

El barrio de *Irapeo* ocurre á la dicha dotrina.

El barrio de los Tres Reyes ocurre á la dotrina.

Otros barrezuelos subjetos al dicho pueblo ocurren á la doctrina.

El pueblo de *Chocandiro Tinguindin*, cabecera, está en cabeza de S. M. : está allí Hernando Alvarado, clérigo, que es cura puesto por el obispo de *Mechuacan*, que les dice misa y los oficios divinos. Ocurren á la doctrina y misa los pueblos y barrios siguientes :

El pueblo de *Chocandiro é Tinguindin*.

El barrio de *Caropo* acude á la dotrina.

El barrio de *Guachanbo* acude á la dotrina.

El barrio de S. Juan acude á la dicha dotrina.

El barrio de *Querendani* ocurre á la dotrina.

El barrio de *Ciquicho* acude á la dotrina.

El barrio de *Xandunban* acude á la dicha dotrina.

El barrio de *Uretereo* acude á la dicha dotrina.

El barrio de *Tacasquaro* acude á la dotrina.

El barrio de S. Cristóbal acude á la dotrina.

Hay otros barrizuelos pequeños que acuden á la dicha doctrina.

El pueblo de *Xacona*, que está en cabeza de S. M. tiene un monesterio de frailes agustinos, que de ordinario hay en él dos ó tres frailes. Ocurren á la dicha dotrina los barrios siguientes :

El pueblo de *Xacona*, cabecera.

El barrio de *Tangaccuaro* ocurre á la dicha dotrina.

El barrio de Santiago ocurre á la dicha dotrina.

El barrio de *Istapa* ocurre á la dicha dotrina.

La cabecera de *Iztlan*, subjeto al pueblo de *Xacona* tiene un clérigo : acuden á esta doctrina los barrios siguientes. Llámase Baltasar Perez de Cárdenas el dicho cura.

El pueblo de *Paxacoran* acude á la dicha dotrina.

El barrio de *Xururuneo* acude á la dicha dotrina.

El pueblo de *Cio* acude á la dicha dotrina.

El pueblo de *Guarachan* acude á la dicha dotrina.

Hay otros subjetos que acuden á la dicha dotrina.

El barrio de *Clarapacua* ocurre á la dicha dotrina.

El pueblo de *Chilchota* está en cabeza de S. M. : tiene una iglesia donde está un cura que administra los sacramentos, que se dice Lorenzo de Mansilla. Ocurren á la doctrina los barrios siguientes.

El pueblo de *Chilchota* es cabecera.

El barrio de *Uren* ocurre á la dicha dotrina.

El barrio de S. Pedro ocurre á la dicha dotrina.

El barrio de *Carapan* ocurre á la dicha dotrina.

El barrio de *Tucuro* ocurre á la dicha dotrina.

El barrio de *Tunaquaro* acude á la dicha dotrina.

El barrio de S. Sebastian acude á la dotrina.

El barrio de *Istapa* ocurre á la dotrina.

El barrio de *Cucupo* acuden á la doctrina.

El barrio de *Apecharapo* ocurre á la doctrina.

El barrio (otros barrios pequeños ocurren á la doctrina.

El pueblo de *Tazazalca* está en cabeza de S. M. ; tiene cura que administra los sacramentos, que se llama el dicho cura Joan Barajas. Ocurren á él la dicha doctrina los barrios siguientes :

El barrio de Santiago ocurre á la dicha doctrina.

El barrio de *Yureg*°. ocurre á la dicha doctrina.

El barrio de *Tauenguato* ocurre á la dicha doctrina.

El barrio de *Casguareo* acude á la dicha doctrina.

El barrio de *Henguandario* ocurre á la dotrina.

El barrio de *Huringuaro* ocurre á la dicha doctrina.

El barrio de *Guacuxubato* acude á la dicha doctrina.

El barrio de *Axahe* ocurre á la dicha doctrina.

Hay otras casuelas y estanzuelas que acuden á la dicha doctrina.

El pueblo de *Acámbaro* está en cabeza de Nuño de Chavez tiene un monesterio de frailes franciscos, donde suele haber dos y tres frailes que administran los sacramentos ; y ocurren á la doctrina los barrios siguientes.

El barrio de *Hamocutin* ocurre á la dicha doctrina.

El barrio de *Puricheo* acuden á la dicha doctrina.

El barrio de *Iramoco* acude á la dicha doctrina.

El barrio de *Curuneo* ocurre á la dicha doctrina.

El barrio de *Xereq*°. acuden á la dicha doctrina.

El barrio de *Tacámbaro* acude á la dicha doctrina.

El barrio de *Purumu* ocurre á la dicha dotrina.

El barrio y cabecera de *Apaceo* tiene cura que administra los sacramentos : es subjeto de *Acámbaro* : ocurren á éste todos los subjetos que confinan con los *chichimecas*.

El pueblo de *Cinapequaro* 'es cabecera : está en cabeza de S. M. : tiene un monesterio de frailes franciscos : tiene de ordinario dos, tres frailes para administrarles los sacramentos y doctrina cristiana. Ocurren á él los barrios siguientes :

El barrio de *Araró* acude á la dicha dotrina.

El de *Tzintzimeo* acude á la dicha dotrina.

El barrio de la Laguna acude á la dicha dotrina.

El barrio de *Tzirio* acude á la dicha dotrina.

El barrio de *Queréndaro* acude á la dicha dotrina.

El barrio de *Hixiagio* acuden á la dicha dotrina.

El barrio de *Hixago* acuden á la dicha dotrina.

El barrio de S. Pedro de los Pescadores acude á la dicha dotrina.

El barrio de *Hireueo* acuden á la dicha doctrina.

Hay otros barrezuelos y casillas que ocurren á la doctrina.

El pueblo de *Taymeo* está en cabeza de S. M. la mitad, y la otra mitad en encomienda de Pedro Dávila Quiñones : tiene una iglesia donde tiene un cura que se llama Gonzalo Pareja, que les administra los sacramentos y doctrina cristiana. Ocurren á él los barrios siguientes : El pueblo de *Taymeo*.

El barrio de *Herimbo* ocurre á la dicha doctrina.

El barrio de *Cuçumo* acude á la dicha dotrina.

El barrio de Pio ocurre á la dicha dotrina.

El barrio de *Puzutlan* ocurre á la dicha doctrina.

El barrio de *Tepetongo* ocurre á la dicha dotrina.

El barrio de S. Andres ocurre á la dicha dotrina.

Hay otros barrios y estanzuelas pequeñas que ocurren á la dicha dotrina.

El pueblo de *Taximaroa* que tiene en encomienda Juan Velasquez de Salazar, es pueblo que tiene un monesterio fundado de la orden del Sr. S. Francisco : tiene dos frailes de ordinario de misa, y algunas veces más : tiene tres mil hombres de carga, ante más que menos : son de la nacion *tarasca* y *otomies*. Ocurren á la dotrina á este monesterio. El pueblo de *Taximaroa*.

El pueblo y cabecera de *Maroatio* está en cabeza de S. M. tiene una iglesia y un cura que se llama Mateo de Castro y administra los sacramentos y doctrina. Ocurren á él los barrios siguientes : El pueblo de *Maroatio*.

El barrio de *Pateo* ocurre á la doctrina.

El barrio de *Herinbo* ocurre á él á la dicha doctrina.

El barrio de *Maribatio* acude á él á la dicha doctrina.

El barrio del Rio ocurre á la dicha doctrina.

Hay otros barrios pequeños y casas que ocurren á la dicha doctrina.

El pueblo de Ucareo. El pueblo de *Ucareo* que está en cabeza de S. M. Tiene un monesterio del Sr. S. Agustin : tiene dos ó tres frailes.

De ordinario ocurren á él á la dicha doctrina los barrios siguientes :

El barrio de *Ciriciquaro* acude á la dicha doctrina.

El barrio de S. Antonio ocurre á la dicha doctrina.

El barrio de S. Lucas acude á la dicha doctrina.

El barrio de *Tzurunduato* ocurre á la dicha doctrina.

Hay otros barrizuelos y casas que ocurren á la dicha dotrina.

La cabecera y pueblo de Tuzantla. El pueblo de *Tuzantla*, que está en cabeza de S. M. tiene una iglesia y un cura que se dice Rodrigo Ponce, que les administra los sacramentos, y ocurren á la dicha doctrina cristiana los barrios siguientes :

El barrio de *Tiquichio* acude á la dicha doctrina.

El barrio de *Zucaro* acude á la dicha dotrina.

El barrio de *Tzinapan* acude á la dicha dotrina.

El barrio de *Uruato* ocurre á la dicha dotrina.

El barrio de S. Antonio acuden á la dicha dotrina.

El barrio de *Aruchao* acude á la dicha dotrina.

El barrio de *Guaraco* ocurre á la dicha dotrina.

Hay otros muchos barrios pequeños y estanzuelas que ocurren á la dicha dotrina.

El pueblo de Cuzamala. El pueblo de *Cuzamala* es cabecera : está encomendado en Bernaldino de Bocanegra : tiene una iglesia en el dicho pueblo, Está y reside un cura que dice Ocaña que administra los sacramentos. Tiene y ocurre á ellos los barrios siguientes :

El pueblo de *Compaceo* que acude á la dicha dotrina.

El barrio de *Cutzaro* que acude á la dicha dotrina.

El barrio de *Xalpa* acude á la dicha dotrina.

El barrio de *Quaotitlan* acude á la dicha dotrina.

El barrio de *Tzacango* acude á la dicha dotrina.

El barrio de Sta. Catalina ocurre á la dicha dotrina.

Hay otros barrios pequeños y estanzuelas y casas que acuden á la dicha dotrina.

El pueblo de *Axuchitlan* está en cabeza de S. M. Tiene una iglesia y cura que administra los sanctos Sacramentos : llámase D. Diego Negron : tendrá este pueblo mill y duzientos hombres, poco más ó menos : ocurren todos á la dicha doctrina cristiana de la dicha cabecera.

El pueblo de *Axuchitlan* es cabecera.

El barrio, pueblo y cabecera del pueblo de *Coyuca* está encomendado en Rodrigo de Meneses. Tiene una iglesia y cura que les administra los Sanctos Sacramentos : llámase el cura del dicho pueblo Bartolome de Silve : tiene el dicho pueblo seiscientos tributarios : ocurren todos á la doctrina del dicho pueblo de *Coyuca*.

El pueblo de *Coyuca*.

El pueblo de *Sirándaro* está en cabeza de S. M. Tiene una iglesia donde está un cura que se llama el canónigo Beteta, que les administra los Sacramentos. Ocurren á la dicha doctrina los barrios siguientes :

El pueblo de *Sirándaro*.

El pueblo de *Tinguisban* ocurren á la dicha dotrina.

El barrio de Sta. Ana ocurre á la dicha dotrina.

El barrio de S. Gregorio acuden á la dicha dotrina.

El barrio de *Siquitaro* acude á la dicha dotrina.

Hay otros barrezuelos y casillas que ocurren á la dicha dotrina.

El pueblo de *Cuseo* es cabecera y está en cabeza de S. M. Tiene una iglesia donde está un cura que les administra los Sacramentos. Ocurren á la dicha doctrina los barrios siguientes :

El barrio de las *Quetamas* ocurren á la dicha dotrina.

El barrio de *Guarapato* acude á la dicha dotrina.

El barrio de Sancta Catalina acude á la dicha dotrina.

El barrio de los *Otomies* acuden á la dicha dotrina.

El barrio de *Uruétaro* ocurre á la dicha dotrina.

El barrio del Rio Grande acude á la dicha dotrina.

El barrio de *Cimitaro* acude á la dicha dotrina.

Hay otros barrios y estanzuelas que todos acuden á la dicha dotrina.

El pueblo de la *Huacana*, encomienda de Pedro Pantoja. Tiene una iglesia donde está un cura que se dice Gonzalo de Yepes que les administra los Sanctos Sacramentos. Ocurren á la dicha dotrina los barrios siguientes :

El pueblo de *Huacana*.

Pomacopeo barrio ocurre á la dicha dotrina.

El barrio de *Xuruneo* ocurre á la dicha dotrina.

El barrio de S. Antonio ocurre á la dicha dotrina.

Hay otros barrios y casas que acuden á la dicha dotrina.

El pueblo de Cinagua. El pueblo de *Cinagua* es cabecera : está en cabeza de S. M. Tiénelo de visita el dicho Gonzalo de Yepes, cura de la *Huacana*, que les administra los Sacramentos : ocurren á la doctrina los barrios siguientes :

El barrio de *Churumuco* ocurre á la dicha dotrina.

El barrio de Santiago acuden á la dicha dotrina.

Hay otros barrios pequeños ocurren á la dicha dotrina.

El puello de Xiquilpa. El pueblo de *Xiquilpa* es cabecera y está en cabeza de S. M. Hay monesterio de frailes franciscos, donde de ordinario hay dos frailes franciscos que les administran los sacramentos. Ocurren á la dicha dotrina los barrios siguientes :

El barrio de *Ocumicho* ocurre á la dicha dotrina.

El barrio de *Ocumicho* ocurre á la dicha dotrina.

El barrio de *Tzaquicho* ocurre á la dicha dotrina.

El pueblo de Periban. El pueblo de *Periban* es cabecera que tiene en encomienda Da. Marina de Montes de Oca. Tiene un monasterio de frailes franciscos donde de ordinario hay dos frailes que les administran los Sacramentos. Ocurren á la dicha dotrina los barrios siguientes :

El barrio de S. Francisco ocurre á la dicha dotrina..

El barrio de S. Rafael ocurre á la dicha dotrina.

El barrio de S. Miguel ocurre á la dicha dotrina.

El barrio de *Atapan* ocurre á la dicha dotrina.

El barrio de *Charapan* ocurre á la dicha dotrina.

El barrio de *Corinduco* acude á la dicha dotrina.

El barrio de *Ilapo* acude á la dicha dotrina.

El pueblo de Tarequato. El pueblo y cabecera de *Tarequato* está encomendado en la dicha Da. María de Montes de Oca. En él hay un monasterio de frailes franciscos, que en él residen dos frailes de misa y allá acuden para la doctrina cristiana los barrios siguientes :

El barrio de Santangel ocurre á la dicha cabecera. El barrio y otros pueblos pequeños que hay ocurren á la dicha dotrina, que en todos ellos y la cabecera terná seiscientos hombres, poco más ó menos, que ocurren todos á la dicha cabecera.

El pueblo y cabecera de *Huango* y *Puruándiro*, que está encomendado en Juan de Villaseñor. Hay en el dicho pueblo de *Huango* un monesterio del Sr. S. Agustin : tiene de ordinarios dos frailes, algunas veces más. Tiene y acuden á la dotrina los barrios siguientes :

El barrio de *Acámbaro* acude á la dicha dotrina.

Tiene más la cabecera de *Puruándiro*, subjeto á *Huango*. Tiene cura esta dicha cabecera : llámase Texeda, que administra los sanctos Sacramentos. Ocurren á la doctrina los barrios siguientes :

El barrio de *Tzinbanguaro* acude á la dicha dotrina.

El barrio de Santiago ocurre á la dicha dotrina.

El barrio del *Xexan* ocurre á la dicha dotrina.

El barrio de *Cirapequaro* acude á la dicha dotrina.

El barrio de Santa Ana ocurre á la dicha dotrina.

El barrio de *Huacaro* acude á la dicha dotrina.

Hay otras estanzuelas y barrezuelos que acuden á la dicha dotrina.

El pueblo de *Pungarabato* es cabecera que está en Hernando de Bazan, vecino de México. Tiene una iglesia donde está y reside un cura clérigo por el Obispo de *Mechuacan*, que se dice Bartolomé Alonso de Silva : tiene más de mil y quinientos hombres de carga, y otras más personas, que ocurren á la doctrina del pueblo de *Pungarabato*, que es donde está el dicho cura que les administra los Sacramentos.

Huango y Puruándiro.

Pungarabato.

ARANCEL de los derechos que se llevan en el Audiencia Arzobispal y provincia de México.

De la primera, segunda, tercera rebeldía, de cada una ocho maravedis.

De la negativa doce maravedis.

De cualquier información que el juez tomare medio tomin, y es del juez, siendo á pedimento de parte.

Del pronunciamiento por rebelde diez y seis maravedis : al juez ocho y al notario ocho.

De la presentación de la demanda medio tomin.

De la cabeza de proceso, medio tomin.

Del término que se da para responder, doce maravedis.

De las razones que alegare el que está amonestado, doce maravedis.

De la presentación de cualquier escrito ó escritura, doce maravedís.

De la conclusion y plazo para oir sentencias las partes citadas, un tomin al juez y otro al notario.

De la sentencia interlocutoria en que reciban las partes á prueba, al juez un tomin y al notario otro.

De la sentencia en que se pronuncia por juez un tomin al juez y otro al notario.

Del juramento de calunia veinticuatro maravedis de ambas partes, doce al juez y otro tanto al notario.

Del pedimento de cualquier plazo, prorrogacion de término, doce maravedis, y no se lleve más derechos, aunque se pida de palabra.

De la presentacion del primer testigo medio tomin y de cada uno de los otros, ocho marevedis.

De la examinacion de cualquier testigo, si el interrogatorio subiere de veinticinco preguntas, al notario tres tomines, y al juez un tomin. Si el interrogatorio subiere de quince preguntas hasta veinte, tomin y medio al notario, y veintricuatro maravedis al juez.

Si el interrogatorio subiere de diez preguntas, al notario un tomin, y al juez medio tomin.

De diez preguntas abajo y sumario, un tomin al notario y juez medio tomin.

De la provision de testigos, de cada parte medio tomin al juez y al notario medio.

De la ida que fueren juez y notario, ó el notario por comision á tomar testigos fuera del ofício, se pague otro tanto cuanto montare la examinacion de suso contenida.

De presentacion de cualquier probanza que se trae de fuera del oficio, ó se sacare en él para la presentar, medio tomin.

De la ordenanza del proceso para recebir á prueba, un tomin ; y cuando el juez pronunciare sin ordenarse no se lleve nada.

De la sentencia definitiva al juez medio peso, y al notario dos tomines.

De la declaracion de la sentencia, siendo necesario, al juez un tomin, y al notario otro.

De cada hoja de proceso entera que se llevare al letrado, doce maravedis al notario.

Del devolvimiento de un juez á otro, un tomin al juez y otro al notario.

Del interponer la apelacion, quier sea por escrito, ó por palabra, medio tomin al notario ; y otro medio del denegamiento ó otorgamiento al juez.

De proveer tutor á menor ad litem en juicio y de la fianza que se diere, al juez un tomin y al notario dos tomines.

De cualquier firma que se diere ante juez, al notario dos tomines.

De cualquier notificacion que el notario hiciere dentro del oficio, medio tomin, y si fuere fuera dél un tomin.

Del auto que la parte hiciere en que pide testimonio de cualquier cosa, medio tomin.

De cualquier instrumento público en romance, medio peso, ó si fuere latin un peso y medio, ó si quisiere contar por hojas, á tomin la de romance, y del latin lleve doblado.

De cualquier proceso que se tresladare, de cada hoja de pliego entero escrito enteramente que tenga veinticinco renglones por planas, y nueve partes por renglon, un tomin, y del signo del notario, otro tomin.

De la fe que el escribano diere de cualquier entrega que hiciere, un tomin.

De dar una posesion, un peso al notario, demas del instrumento del testimonio que se le ha de pagar como en el capítulo de los instrumentos públicos contiene, y si fuere fuera, por cada un dia un peso de minas.

Item, que en las causas matrimoniales y criminales, ó de las que resumieren corona, ó apostólicas, ó por comision que ante el juez pendiere se lleven los intereses doblados.

Item, cualquier cosa de consejo ó convento ó universidad de mas número de tres personas, asimismo se paguen los derechos doblados de los arriba contenidos.

Item, si alguno librare por pobre, se informe dello el juez, y constando ser así, no le consiente llevar derechos algunos.

DERECHOS DE CARTAS Y OTRAS COSAS.

De un mandamiento para prender á uno. dos tomines, uno al juez y otro al notario.

De un mandamiento de suelta, un tomin al juez y otro al notario.

De cualquier mandamiento ordinario, cuatro tomines, dos al juez, y al notario otros dos.

De una carta quitatoria, al juez un tomin y al notario tres tomines ; y si fuere citatoria, compulsoria ó inhibitoria, un tomin más al notario.

De una licencia para pedir *ostiatim*, al notario un tomin, y el juez no lleve nada.

De una provision para demandar por el arzobispado por via de cuesta, un marco de plata : al juez medio y al notario otro medio ; y si la diere al prelado son derechos del secretario, y de los treslado que el notario diere autorizados, queriendo ir por diversas partes del obispado, cada uno medio peso.

Item, de cualquier dispensacion apostólica y ordinaria se lleven de derechos cuatro pesos : dos al provisor y dos al notario del proceso que sobre ello se fulminare, lleve el notario un tomin por hoja.

Item, de la primera carta que se da sobre cosas hurtadas ó encubiertas, cuatro tomines, dos al juez y dos al notario.

Item, de la segunda seis tomines, tres al juez y tres al notario.

Item, de la anatema un peso, medio al juez y medio al notario.

Item, de carta en ejecucion de sentencia, seis tomines, al juez tres tomines y al notario otro tanto.

Item, de una inhibitoria contra la justicia seglar, al juez medio peso, y al notario un peso.

Item, de la segunda, al juez seis tomines y al notario peso y medio.

Item, de la anatema al juez un peso, y al notario dos pesos.

Item, de la de participantes se lleven los dos reales, como de la primera

Item, de la carta de entredicho, otro tanto como de la anetema.

Item, de un alzamiento de entredicho, con reincidencia ó sin ella, un peso : al juez medio peso y al notario otro tanto.

Item, de una licencia para administrar sacramentos en tiempo de entredicho, ó para enterrar, cuatro tomines : dos al juez y dos al notario.

De una licencia para comer carne ó grusura en tiempo prohibido por la Iglesia, al notario un tomin, y al juez medio tomin, y si fuere pobre se le dé gratis.

Item, de cualquier absolucion de una persona ó por un caso dos tomines : uno al juez y otro al notario, y al respeto de más cosa y más personas.

Una licencia para tresladar los huesos de un difunto de una sepultura á otra un peso : al juez medio y al notario otro tanto ; y si fuere de una iglesia á otra dos pesos : al provisor uno y al notario otro tanto.

De una licencia para desenviolar iglesia de cualquier polucion ó confusion de sangre, medio peso : dos tomines al juez y dos tomines al notario, lo cual pague el mayordomo, y si el delincuente pudiere ser habido lo cobre dél.

De una licencia para que un clérigo diga su dicho ante el juez seglar en los casos que el derecho permite, cuatro tomines, dos al juez y dos al notario.

De una licencia para trabajar dia de fiesta en los casos que se deben dar, los mismos derechos.

De una licencia para que un clérigo pueda celebrar en el arzobispado un peso : al juez medio peso y al notario otro medio peso.

Y que no se lleven derechos si para este efeto presentare sus títulos ó dimisoria, la cual si no trujere, no dé el provisor la licencia sino el prelado de la presentacion dellos.

De una carta de cura un peso : al juez medio peso y al notario otro tanto : de una carta vicaría de los del obispado, tres pesos : al juez peso y medio, y al notario otro tanto.

De una carta requisitoria ó de receptoria para fuera del obispado, peso y medio : al juez seis tomines y al notario otro tanto.

De una dimisoria al juez medio peso, y al notario seis tomines.

De unas reverendas de cada orden, un peso : medio al notario y medio al juez.

De una carta receptoria en forma, diez tomines : al juez medio peso y al notario seis tomines.

De un mandamiento para dar posesion de beneficio ó capellanía ó de amparo, medio peso al juez y un peso al notario.

De cualquier comision que el juez diere á otro vicario ó cura del obispado para alguna causa especial dos pesos : un peso al provisor y otro peso al notario.

De una colacion de beneficio ó capellanía, ocho pesos : cuatro al juez y cuatro al notario.

De la erección de la capellanía cuando es nuevamente instituida que hace el ordinario un peso al notario.

De cualquier título de órdenes, un peso al notario por su trabajo : esto se entienda de cada orden.

Item, del sello se lleve de derecho medio peso, y esto ha de haber el secretario del prelado, y el provisor selle las provisiones que diere con el sello del prelado, y no con otro.

Y entiéndese que todos estos derechos son de oro de *tipuzque* y no de oro de minas, salvo en lo que está declarado suso contenido.

Los derechos que ha de llevar el alguazil mayor deste Arzobispado.

De aprehender á una persona tres tomines.

De llamar á uno antel juez, dos tomines.

De cualquier persona que se remitiere de la cárcel seglar á la eclesiástica, trayéndolo el alguacil, medio peso.

De cualquier ejecucion que se hiciere, del primer ciento, cinco pesos, y de cada uno de los demas cientos á tres pesos.

Y si no llegare á ciento, dos pesos, y el notario lleve de la f* de la ejecucion, tres tomines.

De dar cualquier posesion de bienes raíces ó muebles medio peso, y medio al notario.

De cualquier depósito de secresto ó embargo de bienes ó persona que por mandamiento hiciere medio peso.

Item, si saliere fuera del obispado á executar cualquiera de las cosas sobredichas, por cada día que en ello se ocupare, visto lo que pueda estar en ida y venida, un peso de oro de minas.

Item, si fuere por diversas personas á hacer ejecucion en un lugar lleve los mesmos derechos ; y aunque lleve recaudos contra muchas personas, siendo un mesmo camino y haciéndolo de una ida, no lleve más derechos.

DERECHOS DEL ALCAIDE DE LA CÁRCEL.

De carcelaje de una persona tres tomines, y esto se entienda si durmiere el preso en la cárcel, ó donde no, lleve por entrada un tomin.

En todos los cuales dichos pueblos de suso contenidos, todos ellos tienen sus espitales en las cabeceras y en todos los sujetos, los cuales se hicieron y fundaron la mayor parte de ellos por el Obispo D. Vasco de Quiroga, y hay en muchos pueblos, como el de *Uruapa* y *Taximaroa* y *Tarecuato* y *Acámbaro* y *Terepitio* unos solenes espitales y bien adornados para el servicio de los enfermos naturales.

Asimismo hay, en esta ciudad de *Mechuacan* donde está la iglesia catedral hasta número de setenta vecinos españoles de toda suerte, que los cincuenta dellos tienen casas pobladas. Hay dos escribanos públicos proveidos por S. M. y el uno de ellos es escribano del Cabildo, que se dice Alonso de Toledo.

Yo, Juan Fernández Madaleno, escribano público del número desta ciudad por S. M., hice el padron y relacion de todas las cosas que en esta memoria se contienen, la cual hice por la noticia que tengo de todas ellas, á todo lo que de la dicha provincia y esta ciudad entiendo ; y va cierta y la mas verdadera que yo pude hacer. Por ende fice aquí este mio signo que es atal. En testimonio de verdad- Juan Fernández Madaleno, escribano público.

PROVISION DE LA VISITA.

Don Vasco de Quiroga etc. A vos el muy Rdo. bachiller Alonso Espino, clérigo presbítero, cura y vicario de las minas de

Tlalpujahua : Por cuanto nos es informado que en las minas de *Guanaxuato* hay necesidad de visita por razón de no se guardar las Pascuas, domingos é fiestas de guardar, y hacerse en ello fraude á los sagrados cánones y al precepto de la Yglesia que manda que se guarden, y demas desto haber amancebados, alcaguetas, sortílegos, hechiceros, logros y otros pecados públicos, y haberse cometido y cometerse delitos de sacrilegios dentro de la Iglesia y fuera della, y desacatos, injurias contra los curas y vicarios por nos allí puestos en las dichas minas, con poco temor de Dios Nuestro Señor y en gran injuria de la dicha Iglesia, y escándalo y mal ejemplo de los moradores y estantes en las dichas minas, y clandestinos y otros delitos eclesiásticos ; y asimesmo informandoos si hubiere algunos excomulgados *a iure vel ab homine,* y del cánon *Si quis suadente :* y sí hay alguno ó algunos en las dichas minas que se hayan dejado estar excomulgados por más tiempo de un año, haciendo leer la carta general como en las tales visitas se suele leer. Por tanto, porque todo lo susodicho cese y no quede sin castigo, confiando que sois tal persona que bien é fielmente hareis lo que por Nos vos fuere cargado y cometido, os cometemos lo susodicho para que vais á visitar las dichas minas de *Guanaxuato,* y hagais vuestra informacion sobre todo lo susodicho, y cada una cosa ó parte de ello, así de vuestro oficio como á pedimento de parte ; y llamadas y oidas las partes procedereis contra los que así halláredes culpados y hareis lo que fuere justicia sobre ello, sentenciándolos difinitivamente, y si algunas personas se hallaren de vos agraviadas y apelaren de vuestra sentencia les otorgareis la dicha apelación para ante Nos ó ante nuestro Provisor, conforme á derecho. Y ansimismo principalmente, y ante todas cosas, si los curas y vicarios que por Nos allí están puestos si han ejercido y ejercen sus oficios y cargos bien como deben y son obligados, y no hayan vivido honestamente, consintiendo y disimulando los pecados públicos, haciendo sobre ello informacion de testigos fidedignos, recibiendo contra ellos, de los que algo les quisieren pedir, cualesquier quejas y pedimentos ; y llamadas y oidas las partes, concluso el pleito difinitivamente, cerrado é sellado el dicho proceso, originalemente Nos lo inviareis para que sobre ello proveamos justicia, citando las partes parezcan ante Nos á oir sentencia y alegar de su derecho. En lo cual os ocúpeis cuarenta dias *inclusive*, que para ello os asignamos, y hareis en todo segun derecho, llevando vuestros derechos moderados conforme al arancel de esta nuestra Audiencia. Para lo cual todo é cada una cosa y parte della y para absolver del dicho cánon *Si quis suadente*, y de todas las demas excomuniones, imponiéndoles sobre ello penitencia saludable á sus ánimas, é para que podais criar é crieis notario, no lo habiendo apostólico ante quien pasen los autos de los dichos negocios en la forma debida, con juramento que bien y fielmente ejercerá el dicho oficio, os damos todo nuestro poder cumplido, segun que de derecho lo habemos con sus incidencias é dependencias, anexidades é conexidades, y para que podais compeler á los que sobre lo susodicho deban ser compelidos por las penas y censuras que os pareciere, que nos las habemos aqui por puestas, é para que vengan á vuestro llamamiento so las dichas penas. -Corregida con el original -Juan Rodríguez Madaleno, Escribano Público.

Don Vasco de Quiroga por la gracia de Dios y de la Sancta Iglesia de Rhoma, primero Obispo de *Mechuacan*, y del Consejo de S. M. & Confiando de la idoneidad y recta conciencia de vos el R. P. Francisco Ruiz, clérigo presbítero, que bien y fielmente hareis y exercereis lo que por Nos fuere encargado, por la presente os damos licencia y facultad para que en las iglesias de los pueblos de *Maquili* y *Quacoman*, que están en cabeza de S. M., con todos sus subjectos y en los pueblos de *Coxumatlan* y *Ostutlan* que están encomendados en Joan Alcalde, vecino de la villa de *Colima*, y el pueblo de *Alima*, y su partido en la costa de la Mar del Sur, en la provincia de los Motines, que es en el dicho nuestro Obispado de *Mechoacan*, donde otro cura y vicario por Nos ó por nuestro Provisor é Vicario General no hubiere puesto, y lo mismo hagais en su comarca donde no haya quien administre los Santos Sacramentos y haya necesidad de la administracion de ellos, podais exercer el oficio de cura y vicario, y absolver á todos vuestros feligreses y parrochianos de todos sus pecados, crímines y excesos que vos confesaren, excepto aquellos que segun Derecho y uso son reservados los reservamos para ante Nos y ante nuestro Vicario General, cometiendo os para en lo demas nuestras veces y las que de Su Santidad tenemos, y administreis todos los otros Sanctos Sacramentos, y os damos poder y facultad para que podais usar y exercer los dichos oficios de cura y vicario, segun como lo han hecho y exercido los otros curas y vicarios vuestros predecesores y los debais exercer, remitiendo á Nos ó al dicho nuestro Provisor las causas y negocios que segun derecho y uso nos pertenezcan y deban ser remitidos, como son los Matrimoniales sobre el *fedus matris*, é impedimentos dél, por ser de lo arduo, cuando parescieren probablemente ser tales, que probados impedirían el matrimonio ; y no paresciendo ser tales, sin embargo de ellos, averiguado esto sumariamente, los podais casar á los tales. E mandamos en virtud de sancta obediencia é so pena de excomunión á los beneficiados ó su lugartenientes, clérigos, capellanes ó personas seglares de los dichos pueblos, y su vicario, comarca y subjetos os hayan y tengan por tal cura y vicario, y os admitan y reciban al dicho oficio de cura y vicario, é para ello os den, acuda y hagan acudir con los derechos y salario al dicho oficio de Cura tocantes, anexos y pertenecientes, y parezcan á vuestros llamamientos y emplazamientos, como de tal vicario, so las penas y censuras que les pusierdes, como si por nos les fueren puestas : y valga esta licencia y facultad por tiempo de un año preciso. Fecha en esta ciudad de México, veinte dias del mes de Mayo de mill é quinientos é sesenta años. (Firmado) V. Epus.   Por mdo. de S. S. Rma, Alonso de Cáceres, Notario Apostólico. (Un sello).

(Al pié). Curato Vicaria en forma por un año al padre Francisco Ruiz, cura y vicario de los pueblos de *Maquili* y *Quacoman* que está en cabeza de S. M., y de los pueblos de *Coxumatlan* y *Ostutlan* que está encomendados en Juan Alcalde, ques en la provincia de Motin. Dros. iij ps. iiij ts.

(A la espalda) El Br. Jerónimo Rodríguez, canónigo, provisor, oficial y vicario general en esta Sancta Iglesia Cathedral y obispado de *Mechuacan* Sedevacante por los muy magníficos y muy reverendos Señores Dean y Cabildo della &. Por la presente certifico á los Señores Muy Iluste Presidente y Oidores de la Audiencia y Chancillería Real que reside en México en esta Nueva España, que el Muy Reverendo Padre Francisco Ruiz ha servido de Cura por provisión y facultad del Rmo. Señor Obispo D. Vasco de Quiroga, que está en gloria, loablemente en pueblo de *Maquili* y *Quacoman* y sus subjetos y comarca que están en cabeza de S. M. Real, un año cumplido, desde veinte días del mes de Mayo de sesenta y cuatro hasta el veinte del dicho mes de sesenta y cinco años, para que se le pague de la real hacienda por razón de su trabajo y administrar los naturales de los dichos pueblos lo que se le da della. sacadas, como se sacaron, las ausencias que el dicho padre Francisco Ruiz ha hecho en el dicho curato, jurando haber servido el dicho tiempo. En fé de lo cual, de su pedimento le mandé dar esta firmada de mi nombre y del secretario infrascrito. Fecha en *Mechoacan*, nueve días del mes de Setiembre de mill y quinientos é sesenta y cinco años. (No hay firmas.)

RELACIONES DEL OBISPADO DE ANTEQUERA.

Descripción del Obispado de Antequera, de la Nueva España, hecha por el Obispo del dicho Obispado, por mandado, de S. M.

Esta ciudad de Antequera está en diez y ocho grados, poco más ó menos, y está ochenta leguas, poco más ó menos de la ciudad de México, en el camino real, viniendo de México hácia el oriente, y yendo á las provincias de *Chiapa*, *Gualimala* y reinos del *Pirú*. Esta ciudad casi en las cumbres de la tierra, porque dos leguas desta ciudad á la banda del Norte van las dichas cumbres, y de allí corren unas aguas á la mar del Norte y otras á la mar del Sur. Está esta ciudad entre tres valles, que el uno que es hácia el Oriente corre casi siete leguas, y el otro hácia el Norueste corre casi cinco, y el otro hácia el Sur corre casi diez leguas. Es toda la tierra de estos tres valles toda muy templada, que á la sombra no hace calor ni frio que dé pena, aunque tira más á cálida que no á fría : dánse en todos estos tres valles todos los géneros de ganados de España : dáse bien maiz y trigo, aunque algunas veces faltan las aguas del cielo y hay pocas de riego : dáse bien todo agro y todas legumbres, aunque no se dan ajos : tambien se dan muy bien granadas y membrillos y higos y algunas uvas, y aunque las frutas de tierra fria no se dan en estos valles, dánse bien en las sierras comarcanas.

Es toda esta tierra muy sana, aunque esta ciudad y parte de estos valles tienen mal sereno. Hay muy buenas aguas para beber.

Confina este obispado por la parte del Este, Sueste, y Nordeste con tres Obispados que son, por la parte del Sueste con el Obispado de *Guatimala*, por la provincia de *Soconusco* que es de aquel Obispado, y por la de *Teguantepeque* que es deste. Por la parte del Este confina con el Obispado de *Chiapa*, por la provincia de los *Zoques* que es de aquel Obispado, y por la de *Chimalapa* que es deste. Por la parte del Nordeste confina con el Obispado de *Yucatan*, por la provincia de *Tabasco*, que es de aquel Obispado y por la de *Guazacualco* que es deste.

Por la parte del Noroeste. Sueste y Sudoeste confina este Obispado con el Obispado de *Tlaxcala*, que corre de mar á mar por aquella banda, como tambien lo corre este, y esto por diversas provincias, unas de aquel obispado, y otras deste, que corren los límites desde la boca del rio de *Tlacolula*, que es en la mar del Sur, atravesando por la tierra hasta la boca del rio de Alvarado, que es en la mar del Norte ; y por la parte del Norte y parte del Nordeste tiene por límite este Obispado la mar del Norte. desde la dicha boca del rio de Alvarado hasta la boca del rio de *Tabasco*, poco más ó menos, que es en el mismo mar del Norte. corriendo hácia el Oriente ; y por la banda del Sur tiene por límites este Obispado la mar del Sur, desde la misma boca del rio de *Tlacolula*, la costa adelante hácia el Oriente, hasta el fin de los términos de la provincia de *Teguantepeque*.

Tiene de largo este Obispado de una mar á otra, por los confines del Obispado de *Tlaxcala*, ciento y veinte leguas, poco más ó menos, y vase poco á poco estrechándose la tierra, y metiéndose la mar en ella hasta el fin del Obispado, que es el parage de *Teguantepec* al Sur y de *Guazacualco* al Norte, donde tiene toda la tierra de travesía sesenta leguas poco más ó menos, y de allí adelante se torna á agrandar la tierra, metiéndose en la mar, ansi hácia el Norte, por donde corre el Obispado de *Yucatan*, como tambien hácia el Sur, donde está el de *Guatimala*, dejando al de *Chiapa* en medio. Tiene de travesia este Obispado, por medio de la tierra, desde los confines del Obispado de *Tlaxcala* hasta los del Obispado de *Chiapa*, ochenta leguas, poco más ó menos, y por la costa del Sur cient leguas, poco más ó menos, y por la costa del norte cincuenta leguas, poco más ó menos.

Salidos de estos valles que están junto á esta ciudad, toda la demas tierra deste obispado es muy fragosa, y de muy grandes y muchas sierras y muy trabajosas de andar; y si alguna tierra hay llana junto á la mar, es gran manera cálida y trabajosa por el gran calor, ciénegas y rios.

Hay en todo este obispado cuatro pueblos de españoles, muy pequeños, que son : esta ciudada de Antequera que terná trescientos y cincuenta vecinos, poco más ó menos, y casi todos gente muy pobre y necesitada, y veinte leguas de aqui hácia el Nordeste, esta una villa que se dice la Villa de Sancto Ilefonso de los *Zapotecas* en unas sierras muy altas, muchas y muy fragosas, donde no hay grangerías algunas, ni se crian ganados, ni tienen otra cosa de que se sustentar, sino de los tributos que dan los naturales, que son unas mantas de algodon y un poco de maiz : habrá en esta villa treinta vecinos, poco mas ó menos. Otra está veinte leguas desta ciudad hácia el oriente, y dícese la villa de Santiago de el valle de *Nexapa* : está en un razonable valle, aunque lo tienen todo casi los naturales : tiene esta villa veinte vecinos, poco mas ó menos, toda gente muy pobre como tambien lo son los de la villa de arriba de Sancto Ilefonso. Es toda la demas comarca desta villa tierra estéril y cálida : está esta villa en el camino real, yendo á *Guatimala* y á *Chiapa*, desta ciudad noventa leguas desta ciudad, poco mas ó menos, hácia la banda del Norte. Está la villa del Espíritu Sancto en la provincia de *Guazacualco* en el cual habrá otros veinte vecinos, tambien gente pobre.

Es esta villa y toda su comarca tierra muy cálida, y de muchas aguas, rios y lagunas y esteros. Es tierra de mucho pescado y frutas de la tierra, y bastantemente mantenimiento del de la tierra, aunque no se da trigo.

Podríanse hacer en este Obispado otras tres ó cuatro villas, y convernían que se hiciesen, porque van creciendo los nuestros y no hay donde se extiendan, y andar derramados entre los naturales, como el dia de hoy andan muchos, es cosa muy perniciosa ansí para los unos como para los otros. La una de estas villas podría ser en *Teguantepeque*, cuarenta leguas desta ciudad hácia *Chiapa* y *Guatimala*, en el camino real, donde podría haber mucho ganado mayor y menor, porque es buena tierra para ello, y hay mucho pescados de rios y de la mar que está alli junto. Hay mucha sal y muchas cazas de venados, liebres y conejos y volateria, y trato de cacao de *Soconusco*, y pueden por alli, por un rio abajo bueno y grande, ir desde el mar del Sur hasta el del Norte, y llevar y traer mercaderias. Hay solas veinte y cuatro leguas por tierra, y todas las demas por agua, y podriase hacer camino á poca costa como fuesen carros, y si no hariase que se criaran por alli muchas mulas y machos. Es toda esta tierra cálida por ser costa ; pero es muy sana, por ser más seca que húmeda, aunque tiene algunos pedazos húmedos.

Otra villa se podria poblar en la provincia de *Tututepeque*, que es cincuenta leguas, poco mas ó menos desta ciudad, en la costa de la mar del Sur, hácia el Sudueste, la cual puede tener mucho ganado mayor de todo género porque hay tierra larga y aparejo para él, y mucho pescado y sal y algodon, que todo se da muy bien, y dáse medianamente cacao y dase bien maiz en toda aquella costa. Hay muchas frutas de la tierra, y es costa sana, aunque no tan seca como la de *Teguantepeque*.

En la provincia de la *Misteca*, poco más de treinta leguas de aqui hácia el poniente, se podria poblar otra villa buena, junto á unos pueblos que se dicen *Tecomatlavaca* y *Ciguistlaguaca* ? Es tierra de buen temple y muy abundante de maiz, y darse ha muy bien trigo, y todas frutas, ansi de España como de la tierra. Hay muchas aguas y buena madera y leña y piedra y cal. Tiene alli junto la costa de la mar del Sur, que es buena provincia, y la *Misteca* baja, que tambien es buena, y la alta, que es mejor. Viven ya allí algunos vecinos españoles, por ser la tierra buena y templada y abundante y aparejada para grangerias... Y este parece que sería buen pueblo con el ayuda del Señor, por el buen aparejo que hay alli para todo.

Podrias poblar otra villa en términos de *Guazpaltepeque*, casi sesenta leguas desta ciudad entre el norte y el nordeste, junto al rio de Alvarado, donde podria haber muy gran cantidad de ganado de todo género, digo del mayor, por ser la tierra muy larga y muy adaptada para ello, y podiase sacar alli mucha colambre y sebo, y llevarlo con gran facilidad á la Vera Cruz, y de alli á España. Hay por alli mucho pescado y muy bueno : hay sal : dáse muy bien algodon, y cacao muy razonablemente. Es tierra muy aparejada para ingenios de azúcar, y dase bien maiz. Es toda esta tierra muy cálida, y más húmeda que seca. No es tan sana como las demás que hemos dicho, aunque los nuestros se hallan bien por alli, y algunos tienen ya alguna labranza de algodon por alli, con que les va bien.

En otras partes deste obispado se podrian poblar otros pueblos de españoles convinientemente, sin daño de los naturales, mirando las justicias reales cristianamente por todos ; pero estos cuatro tengo yo notados dias ha, y los he visto todos por vista de ojos, y cierto seria cosa muy conviniente, ansi para quietud de la tierra, como para remedio de muchos de los nuestros que se andan vagueando por los pueblos de los naturales con harto daño dellos y poco provecho suyo, sino antes daño ; para las cuales poblazones convernia y aun seria necesario que todos los naturales comarcanos á ellas les mandase S. M. diesen todo su tributo en maiz, y en todos los demas mantenimientos que por alli se diesen, con el cual serian proveidos los españoles de mantenimientos, y S. M. y los encomenderos no perderían nada, sino antes ganarian, porque los españoles lo gastarian todo y lo pagarian bien, y los naturales no ternian necesidad de salir á buscar su tributo fuera de sus tierras, y los nuestros estando proveidos de mantenimientos, se emplearian en otras grangerias mas gruesas y de mas interese, ansi para S. M. como para ellos. No hay en todo este obispado minas algunas ni otra grangeria que sea gruesa, por lo cual hay pocas personas ricas en él, y ninguna como en otras partes, aunque haciendose esto podian tener todos una mediana pasadia.

Hay en todo este Obispado muchas provincias de gentes de diversas lenguas, que son *mistecas, zapotecas, chochones, amusgos, ayacastecas, chichimecas, chontales, mijes, chinaltecas, cuicatecas, mazatecas, hugitecas, zoques,* y otros que no me acuerdo, que es una confusion muy grande. Hay en la provincia de la *Misteca,* que es la mayor, los pueblos siguientes con él número de la gente, poco más ó menos, que aqui va señalado, que se entiende de la cabecera con sus estancias. El mayor pueblo de este provincia *Misteca* es *Cuilapa* : está encomendado al Marques del Valle : terná seis mil indios, poco más ó menos, tributarios.

Cuilapa	6.000	Yetepeque	200
Yanguitlan	6.000	Patluastluguaca	360
Tepuzculula	4.500	Tuctla	300
Taxiaco	4.500	Tlatlultepeque	100
Cuestlaguaca	3.200	Atoyaquillo	300
Tamazulapa	1.500	Malinaltepec	300
Texupa	900	Yucuqui	90
Jaltepec	1.500	Chalcatongo	600
Tilantongo	1.000	Quautlatlauca	100
Achiutla	1.200	Atoyaque	25
Zozola	400	Yolotepeque	350
Yztactepeque	200	Teuzacualco	600
Apuala	500	Tamazola	300
Guautlilla	80	Izquintepeque	150
Guautla	200	Eztletla	200
Jultepetongo	200	Guajolotitla	100
Jocoticpaque	120	Quitepeque	150
Yucucuza	200	Totomachapa	100
Nuchistlan	1.000	Elotepeque	250
Etluntonyo	300	Amoltepeque	60
Chachuupa	400	Cenzontepeque	200
Tlittepec	300	Cuyquila	120
Chicaguaztla	400	Ocotepeque	150
Zacatepeque	500	Puctla	200
Tlacamama	100	Xicayan	300
Pinoteca	100	Atoyaque	150
Yztayutla	100	Tetepeque	120

Potuctla	10	Lapaguia	150
Tututepeque	3.000	Talistaca	400
Tenexpa	200	Tlaachauuya	500
Zoyaltepeque	300	Macuilsuchil	300
Tonaltepeque	250	Teutitlan	400
		Tlaculula	400

Provincia de *Amusgos.*

Los Amusgos	300	Teliquipac	1.000
Xicayan de Tobar	200	Miquitla	600
Ayocinapa	150	Totolapa	300
Suchistlaguaca	200	Zoquitlan	200
Estancias de *Ometepec*	400	Acuntepeque	200
		Ychipuchitepeque	200

Provincias de *Ayacastecas.*

		Necutepeque	100
Igualupa	600	Olintepeque	60
Tlacolula	100	Calajo	150
Ometepeque	200	Tonacayotepeque	60
Quahuitlan	25	Zoyatepeque	40
Azuyuqui	250	Yautepeque	40
		Iztacatepec	50

Provincia de *Zapotecas.*

		Jolotepeque	50
Quauxolotitlan	1.200	Tizatepeque	200
Etla	2.200	Naxapa	600
Teuzapotlan	1.300	Tlaculula	100
Cuyutepeque	500	Xalapa	1.000
Cimatlan	350	Teguantepeque	3.000
Tepecimatlan	700	Nanacatepeque	200
Iztepeque	700	Mazatlan	20
Tlacolapacoya	100	Iztepeje	250
Ayoquechico	200	Chicomesuchil	800
Chichicapa	1.200	Capulalpa	200
Ocotlan	1.200	Yztlan	400
Yjutla	250	Coquiapa	120
Coatlan	1.400	Jaltianguisco	120
Miaguatlan	1.300	Tecoquilco	250
Teticpa	700	Atepeque	400
Zola	800	Macuiltianguez	250
Cozautepeque	30		
Colotepeque	50		

Provincia de la Villa Alta de las Zapotecas que son cinco naciones, *caxones, benecichas, bixanas, mixes* y *chinantecas.*

Ocelotepeque	1.200
Tonameca	30
Pochutla	30

EN LOS *Caxones* HAY ESTOS PUEBLOS.

Guatulco	250
Suchitepeque	300
Pilcintepeque	100

Icia.

Tabu.

Sococho.
Yachibi.
Suchila.
Teolotepeque.
Yaganiza.
Yalala.
Yao.

EN LOS *Benecichas* HAY ESTOS.

Talea.
Yatachi.
Izquintepeque.
Xoquila.
Yaquini.
Zoguio.
Yotao.
Cacalotepeque.
Tepanzacualco.
Yabago.
Yagauila.
Teutlachico.
Yagila.
Yocaa.
Tiltepeque.
La Chichina.
Yagayo.
Quezcomaltepec.
La Joya.
Lalopa.
Yatoni.

EN LOS *Bixanas* HAY ESTOS.

Tamazcalapa.
Ayacaztla.
Camotlan.
Tagui.
La Zagaya.
Tlapanalá.
Suchitepeque.
Tizatepeque.
Yalagui.
Tagui.
Taechi.

Comaltepeque.
Chuapa.
Malinaltepeque.
Los Zapotequillas.

EN LOS *Chinaltecas* HAY ESTOS.

La Chixila. ·
Lobani.
Petlapa.
Tuavela.
Yaci.
Teutalcingo.
Lacoba.
Lalana.

EN LOS *Mixes* HAY ESTOS.

Tonaguia.
Tepetotongo.
Amaltepeque.
Totontepeque.
Moheton.
Jareta.
Tiloctepeque.
Gueytepeque.
Xaxacatepeque.
Ocotepeque.
Ayotochitepeque.
Jalcaltlatepeque.
Catoan.
Tochitepeque.
Caynduan.
Maxihuizi.
Xoyacatepeque.
Alotepeque.
Acatlan.
Suchitepeque.
Chimaltepeque.
Tlacotepeque.
Coatlan.
Quiabecuça.
Acatlan.
Joquila.
Cacalotepeque.

Majaltepeque.	*Tlaguitoltepeque.*
Gilotepeque.	*Yacochi.*
Noban.	*Mixitlan.*
Tepuztepeque.	*Chichicastepec.*

Y todos los cuales pueblos de la provincia de esta villa de los *Zapotecas* tenían agora diez años cuando los contaron, diez mill tributarios, poco más ó menos : Creese que agora hay menos, porque siempre se van menoscabando.

Y la provincia de *Guazaqualco* tiene casi cinquenta pueblecitos, que son los principales dellos dos que se llaman *Niscapan*, cada uno de ellos, *Tonalá*, *Mecatepeque*, con los demás, que no me acuerdo bien los nombres. Agora tres años visité toda aquella provincia que está á noventa y á ciento y á ciento y veinte leguas de esta ciudad, y por algunas partes más, y ternía entonces toda ella, segun la cuenta que se me dió, y lo que yo vi por vista de ojos 3200 tributarios poco más ó menos. No sé los que agora hay, porque me dicen que se van cada día disminuyendo. *Tuztla* tenía en aquel tiempo mil tributarios, y confina con *Guazacualco* : ha habido mucha mortandad allí y creo falta mucha gente.

Provincia de *Chontales.*		*Quezalupa*	60
		Tecomaltepeque	150
Centecomaltepeque	100	*Xicaltepeque*	40
Teepa	100	*Uxitem*	90
Tlaguitoltepeque	80	*Yoloxinequila*	350
Tlacalpatepec	300	*Mazatecas*	3.290
Topiltepeque	150	*Jalapa*	150
Petlacaltepeque	400	*Ichicatlan*	200
Xilotepeque	80	*Tepeapa*	50
Guamelula	700	*Aticpac*	60
Aztlatla	200	*Zoyaltepeque*	30
Tequecistlan	800	*Utlancingo*	20
Chinaltecas	2.910	*Cinacomostoco*	50
		Coatlan	50
Guazpaltepeque	350	*Tenango*	100
Ullatitlan	200	*Guautla*	400
Tochitepeque	50	*Ayautla*	80
Chinantla	900	*Teutitlan*	900
Guicila	400	*Nextepeque*	80
Tepeltotutla	500	*Nanauticpaque*	70
Tlaquacintepeque	200		

Tecomavaca...........	150	Alpizaguac.......... ...	30
Quiotepeque...........	250	Atlatlauca..........	800
Izcatlan..........	600	Malinaltepeque..........	150
Cuicatecas SON ESTOS....	3.160 (1)	Manalcatepeque..........	200
		Cuytlaguiztlan..........	300
Teutila.........	120	Tanatepeque...........	100
Papaloticpac.....	600	Tequecistepeque....	250
Tepeucila.....	150		
Cuicatlan...........	300		3.050
Tototepengoto..........	50		

Estos son los pueblos deste obispado, y si bien me acuerdo, no hay más en todo él, y el número de la gente no va puntualmente, sino poco más ó menos en cada pueblo, porque como son tantos pueblos y están tan derramados y en tierra tan fragosa, no se pueden visitar muy á menudo ni tener tanta cuenta con ellos como sería menester ; y no van aquí puestos más que los nombres de las cabeceras, y no de las estancias y aldeas que tienen, que sería nunca acabar, porque hay muchos pueblos que tienen á quince y á veinte y á veinticinco estancias ; pero el número de toda la gente, ansi de las cabeceras como el de las aldeas es el que va señalado en cada pueblo : hay en todos los demas de estos pueblos sus caciques y señores naturales que segun sus costumbres eran señores dellos, como son en los pueblos de *Cuilapa* D. Miguel y en *Anguitlan* D. Gabriel, en *Jaltepeque* D. Angel y en *Tilatongo* D. Francisco, y en *Taxiaco* D. Felipe y otros muchos, los cuales todos están al presente muy oprimidos, y no como señores, segun que antiguamente lo eran, lo cual se debría remediar, porque creo padescen sin culpa ; y plega al Señor que muchos castigos que nos invía cada día, no sean por semejantes vejaciones y trabajos que les damos, ansí á caciques como á *maceguales*. Fr. B. Epus, Antequeren. Por mandado de S. Rma. Juan de Leon, Notario Apostólico (Original).

Relación de la gente que hay en todo este Obispado de la Ciudad de Antequera del Valle de *Oaxaca* (*Guaxaca*), desta Nueva España asi de españoles como Mestizos é Indios, para enviar al Consejo de Indias de S. M. : fecha por su mandado en esta dicha ciudad por el muy Illtre. y Rmo. Sr. D. Fr. Ber-

(1) La suma está equivocada ; debe decir : 3.240 (G. P.)

nardo de Alburquerque, Obispo desta dicha ciudad é su obispado, que es la siguiente :

Vecinos.

En todo este dicho obispado hay cuatro pueblos de españoles que son : el primero esta dicha ciudad de Antequera, que habrá en ella trescientos vecinos españoles, pocos más ó menos, de los cuales de tres partes las dos serán de españoles, y la otra parte serán de mestizos é mulatos casados.............. 300

Hay más tres villas, que son la Villa del Espíritu Santo de la provincia de *Guazacualco* y la villa de San Ilefonso de la provincia de los *Zapotecas*, y la villa de Santiago de *Nexapa* : habrá en cada una desta dichas tres villas hasta veinte vecinos españoles, pocos más ó menos........................... 60

Hay más en este dicho obispado algunos españoles que están derramados en algunos pueblos de indios : no se sabe bien el número de ellos, por ser gente forastera y tratantes que van é vienen ....

El número de los indios naturales de todo este dicho obispado, segun la cuenta é noticia que se ha tenido los años pasados, serán cient mill indios tributarios, poco más ó menos, que se entiende cada tributario marido y mujer, ó viudo y viuda con los hijos que tienen debajo de su dominio paternal, aunque algunas que se han fecho de dos años á esta parte en las provincias de *Guazacualco* y de los *Zapotecas* y de *Cuilapa* y en otras partes ha faltado número de gente, porque por ispiriencia se tiene ir esta pobre gente en diminucion y no en aumento............. 100.000

De los cuales dichos cient mill indios tributarios, pocos más ó menos de tres partes las dos dellas tienen á cargo religiosos de la orden de Santo Domingo, poco más ó menos, en veinticuatro casas que tienen poblados en este obispado, que son el convento de esta ciudad donde hay de treinta é cinco á cuarenta religiosos asignados entre todos de presente que tienen cargo del pueblo de *Guaxaca*, que está

Vecinos.

encomendado en el Marques del Valle, y del de *Talistaca* que está en la real corona, que tendrán ambos pueblos con sus estancias mill y doscientos tributarios pocos mas ó menos.................... 1.200

La segunda casa tienen en el pueblo de *Cuylapa* donde están de ordinario cinco ó seis religiosos : tendrá el dicho pueblo de *Cuylapa*, con sus estancias cinco mil tributarios poco más ó menos, el cual está encomendado en el Marqués del Valle. Este dicho pueblo se ha contado de poco acá, y faltó número de gente 5.000

La tercera casa tienen en el pueblo de *Teozapotlan* donde hay de ordinario dos religiosos y algunas veces tres, los cuales tienen cargo del dicho pueblo de *Teozapotlan* y del pueblo de *Cimatem*, que están en la real corona, y del de *Cuyotepeque* que está encomendado en Bartolomé Sánchez, los cuales dichos tres pueblos con sus estancias é subjetos tendran dos mill tributarios, poco más ó menos.................. 2.000

La cuarta casa tienen en el pueblo de *Iztepec* en la cual están de ordinario cuatro religiosos, los cuales tienen cargo del dicho pueblo y de *Tepecimatlan* y de *Ayoquexco* que están en la real corona y de *Tlacolabacoya*, que está encomendado en el Marques del Valle, los cuales dichos cuatro pueblos con sus estancias tendrán mill é ochocientos tributarios, poco más ó menos..................... 1.800

La quinta casa tienen en el pueblo de *Ocotlan* en la cual están de ordinario dos religiosos, y tienen necesidad de mas. Y así están determinados de poner otros dos religiosos, en habiendo. Tienen estos dicho religiosos cargo del dicho pueblo de *Ocotlan* que está encomendado en Niculas Zamorano, y del pueblo de *Chichicapa* que está en la Real Corona. Tendrán ambos pueblos con sus estancias, dos mill é cuatrocientos tributarios, pocos más ó menos........... 2.400

La sexta casa tienen en el pueblo de *Titiquipaque*,

donde hay de ordinario quatro religiosos, los cuales tienen cargo del dicho pueblo de *Titiquipaque* y del de *Tlacolula* y *Macuilsuchil* y *Teutitlan* que están en la real corona, y del pueblo de *Tlacuchahuaya*, que está encomendado en Gaspar Calderon, los cuales dichos cinco pueblos con sus estancias tendrán dos mil ochocientos tributarios, pocos más ó menos....   2.400 (1)

La séptima casa tienen en el pueblo de *Nexapa* donde hay de ordinario cuatro religiosos, y tienen necesidad que haya seis, y asi están determinados de ponerlos, en habiendo, los cuales tienen cargo del dicho pueblo de *Nexapa* y de *Maxaltepeque* y *Xilotepeque* y *Tizatepeque* y *Xolotepeque* y los *Tonacayos* y *Chimaltepeque* y *Tlazoltepeque* y *Comaltepeque*, que todos estos dichos ocho pueblos están en la real corona, y de *Necotepeque* y *Olintepeque* y otro pueblecillo que están encomendados en Francisco Flores y *Xoquila* y *Ocotepeque* y los *Zapotequillas* encomendados en Juan Batista y otros dos poblecitos encomendados en Alonso Diez, los cuales dichos pueblos con sus estancias tendrán tres mill y doscientos tributarios, pocos más ó menos, y están derramadísimos y de muy fragosa y trabajosa visita, pues tienen muchas y muy grandes sierras.............   3.200

La octava casa tienen en el pueblo de *Tequecistlan* donde hay de ordinario dos religiosos, y son menester otros dos, por tener muy derramada la visita y ser tierra muy fragosa. Tienen estos dichos religiosos á cargo el dicho pueblo de *Tequecistlan* que está encomendado en Diego de Alavez, y de *Petlaltepeque* y *Tlapaltepeque* y *Xilotepeque* y *Topiltepeque* y otros dos ó tres poblecitos que están todos en la real corona, y de otros dos poblecitos que están encomendados en Alonso de Olivares, los cuales dichos pueblos con sus estancias tendrán dos mill e

(1) La cifra del márgen está equivocada, debe decir 2.800 (G. P.)

cuatrocientos tributarios, pocos más ó menos...... **2.400**

La novena casa tienen en el pueblo de *Xalapa* donde hay de ordinario dos religiosos, los cuales tienen cargo del dicho pueblo de *Xalapa* que está encomendado en el Marques del Valle, y de los pueblos de *Nanacatepeque* y *Quezalapa* y *Coatem* que están en la real corona y de *Totolapilla* que está encomendado en D. Tristan de Arellano, los cuales dichos pueblos tendrán con sus estancias mill é setecientos tributarios, pocos más ó menos ; en esta casa solia haber cuatro religiosos, porque visitaban de aquí á *Tequecistlan*, y despues paresció hacer casa por sí al dicho pueblo de *Tequecistlan*, porque visitase ciertos pueblos que tenía allí á mano, á la otra banda **1.700**

La décima casa tienen en *Teguantepeque*, en la cual estan de ordinario cuatro religiosos, y tienen necesidad de otros dos, por tener la gente muy derramada, y ser tierra muy trabajosa : los cuales dichos religiosos tienen cargo deste dicho pueblo de *Teguantepeque*, que está en la real corona, el cual con sus estancias tendrá dos mill é quinientos tributarios, pocos más ó menos. En esta provincia ha habido mucha mortandad de tres ó cuatro años á esta parte. Y así creo que falta casi la mitad de la gente que antes deste tiempo solía tener. En este dicho pueblo con sus subjetos hay de ordinario quince é veinte vecinos españoles casados.................. **2.500**

La oncena casa tienen en la villa de Sant Ilefonso de los *Zapotecas* en la cual hay de ordinario seis religiosos los cuales tienen cargo de la dicha villa y españoles della, y de los pueblos de *Chuapa* y *Comaltepeque*, *Tonaguia* las dos *Taguias*, *Tisaltepeque*, *Comatem*, *Guayacatepeque* y la *Hoya*, *Lalopaguas*, *Comaltepeque* y *Abago* y *Agabila*, *Tiltepeque*, *Laxila* y *Obegotapçia*, *Totontepeque*, *Metepeque*, *Tiltepeque* y *Acoche*, *Tlavitoltepeque*, *Cacalotepeque*, *Maci-*

guixi, los *Zapotequillas* y otros tres ó cuatro poblecitos chiquitos de que no me acuerdo, que todos ellos
están en la real corona, y de los pueblos de *Ayacaste-
peque* que está encomendado en Ines Corneja, é
Nobaa y *Guiazona*, encomendados en Gaspar de
Vargas, y de *Marinaltepeque* encomendado en Francisco del Águila, y de *Ocotepeque*, encomendado en
Joan Gutierrez y de *Yacoche*, la *Chixila*, *Yaguiçi* y
Avo y otro poblecito que están encomendados en
Juan Martin y *Teolotepeque* encomendado en Francisco Sánchez, y *Izcuintepeque* y *Mixitlan* encomendado en Juan de Aldaz, y de *Cacalotepeque*, encomendado en Diego Miguel, y otros siete ó ocho
poblecitos pequeños que están encomendados en
particulares españoles, en los cuales dichos pueblos
con sus estancias había seis mil tributarios pocos
más ó menos 6.000

En esta provincia hay mucha necesidad de haber
muchas casas de religiosos porque es tierra muy
fragosa, de muchas y muy grandes sierras y de
diversas lenguas, y así tienen determinado los religiosos de poner otras dos casas entre los indios desta
provincia, que son una en los *mixes* y otra en los
benicichas, y así estará mejor doctrinada la gente y
se deprenderán mejor las lenguas.

La duodécima casa tienen en el pueblo de *Etla*, en
la cual hay de ordinario dos religiosos que tienen
cargo del dicho pueblo de *Etla*, que está encomendado en el Marques del Valle : tendrá con sus estancias mil é seiscientos tributarios, pocos más ó menos 1.600

La térdécima casa tienen en el pueblo de *Guaxolotitlan*, en la cual hay de ordinario dos religiosos que
tienen cargo del dicho pueblo de *Guaxolotitlan*, que
está en la real corona, y del pueblo de *Tenexpa* que
está encomendado en Melchor de Robles, los cuales
dichos pueblos con sus estancias tendrán mill é
quinientos tributarios, pocos más ó menos........·. 1.500

La cuartadécima casa tienen en el pueblo de *Teutila* en la cual hay de ordinario dos religiosos que tienen cargo del dicho pueblo de *Teutila*, que está en la real corona, que los dichos pueblos con sus estancias tendrán mill é cuatrocientos tributarios pocos más ó menos............................ 1.400

La quintadécima casa tienen en el pueblo de *Nochistlan*, en la cual hay de ordinario dos religiosos que tienen á cargo el dicho pueblo de *Nochistlan* que está en la real corona, y de los pueblos de *Etlantongo* y *Guautlilla* que están encomendados en Juan de Valdivieso, los cuales dichos pueblos con sus estancias tendrán mill é cuatrocientos tributarios pocos más ó menos............................ 1.400

La sextadécima casa tienen en el pueblo de *Xaltepeque*, el cual dicho pueblo hemos encargado á los religiosos de poco acá, en la cual dicha casa hay dos religiosos que tienen cargo del dicho pueblo, que está encomendado en Juan de Villafaña, el cual con sus estancias tendrá mill é quinientos tributarios, pocos más ó menos............................ 1.500

La decimaséptima casa tienen en el pueblo de *Yanhuitlan* en la cual hay de ordinario ocho religiosos, los cuales tienen cargo del dicho pueblo que está encomendado en Gonzalo de las Casas, y del pueblo de *Chachuapa* que está encomendado en Juan de Benavides, y del pueblo de *Tiltepeque* que está encomendado en Agustin de Salinas, los cuales dichos pueblos con sus estancias tendrán siete mill tributarios, pocos más ó menos.................. 7.000

La décimaoctava casa tienen en el pueblo de *Cuestlauaca*, en la cual hay de ordinario cuatro religiosos, los cuales tienen cargo del dicho pueblo de *Cuestlauaca* que está encomendado en los herederos de Sotomayor é Bazan y del pueblo de *Iztem* que está encomendado en Diego de Tapia, y del pueblo de *Tequequestepeque* que está encomendado en María de Godoy, los cuales dichos pueblos con sus estancias tendrán cuatro mill tributarios, pocos más ó menos 4.000

La décimanona casa tienen en el pueblo de *Texupa* en la cual hay de ordinario dos religiosos que tienen cargo el dicho pueblo de *Texupa* y de los pueblos de *Coatem* y de *Tonaltepeque*, que están en la real corona, los cuales dichos pueblos con sus estancias tendrán mill é quinientos tributarios pocos más ó menos 1.500

La vigésima casa tienen en el pueblo de *Tamazolapa*, en la cual hay de ordinario dos religiosos que tienen cargo del dicho pueblo de *Tamazolapa*, que está encomendado en Luis Xuarez, y del pueblo de *Tatla* que está en la real corona, los cuales dichos pueblos con sus estancias, tendrán mill é setecientos tributarios pocos más ó menos.................. 1.700

La vigésimaprima casa tienen en el pueblo de *Tepusculula* en la cual hay de ordinario cuatro religiosos que tienen cargo del dicho pueblo que está en la real corona, el cual dicho pueblo con sus estancias tendrá cuatro mill tributarios, pocos más ó menos.. 4.000

La vigésimasegunda casa tienen en el pueblo de *Taxiaco* en la cual hay de ordinario cuatro religiosos que tienen cargo el dicho pueblo y de *Chicahuastla* que están encomendados en los herederos de Martin Vásquez, y de los pueblos de *Cuicuila* y *Ocotepeque* que están encomendados en Don Tristain de Arellano, los cuales dichos pueblos con sus estancias tendrán cuatro mill é doscientos tributarios, poco más ó menos.. 4.200

La vigésimatercia casa está en el pueblo de *Tecomastlauaca*, en la cual hay de ordinario dos religiosos los cuales tienen cargo del dicho pueblo de *Tecomastlauaca*, que está encomendado en D. Tristain de Arellano, y del pueblo de *Xuistlauaca* que está encomendado en la mujer de Valdes, y del

Veciuos.

pueblo de *Putla* que está encomendado en los herederos de Aznal, los cuales dichos pueblos con sus estancias tendrán mill é seis cientos tributarios, pocos más ó menos.............................   1.600

La vigésimacuarta casa está en el pueblo de *Achiutla*, en la cual hay de ordinario cuatro religiosos que tienen cargo del dicho pueblo y de *Tlatlaltepeque* y de *Yucucuy* que están encomendados en D. Tristain de Arellano y de *Marinaltepeque*, encomendado en Bartolomé Tufiño é de *Atoyatepeque* que está encomendado en los herederos de Juan Griego, los cuales dichos pueblos con sus estancias, tendrán dos mill é doscientos tributarios, pocos más ó menos........   2.200

Maiz   64.600
                                                       ─────────

La limosna que S. M. manda dar á cada uno destos dichos religiosos que entienden en la doctrina de los naturales son cient pesos de *tepuzque* é cincuenta hanegas de maiz en cada un año, é arroba é media de vino para misas que cada uno de ellos oviere de decir en cada un año, y así lo hace S. M. en los pueblos que están en su real corona. Y lo mismo hacen los encomenderos en los pueblos que tienen encomendados, y las casas que tienen cargo de pueblos que están en la real corona y encomenderos, dan esta limosna de cient pesos por rata, aunque los encomenderos no dan vino para decir las misas, porque S. M. lo da todo. Y no se les da á los dichos religiosos otra cosa alguna, mas de solamente el salario que va nombrado é maiz, y alguna limosna que las

50   buenas gentes les quieren dar............. 100 ps.

Va en esta relación mas casas de religiosos de las que fueron en otra relación é memoria que antaño se invió á S. M. porque despues acá las han fecho, porque como tienen mas cuidado

de la doctrina de los naturales é deprenden las lenguas, váse-
les encomendado más que á los clérigos la dotrina de los
dichos naturales, y ansí los dichos religiosos han fecho é hacen
más casas de las que hasta aqui había.

Toda esta cuenta é número de estos naturales que va en
esta relación se ha dado y da conforme á las tasaciones que
en este obispado se han fecho, así de los pueblos que están
en la real corona, como de los que están encomendados,
porque es la relación más cierta que se puede haber, y estos
son los que pagan tributo. Habrá otra mas gente de los dichos
naturales, que estos no pagan tributo, y estan reservados de
pagarlo, como son los ciegos, tullidos, enfermos, viejos é
impedidos en otras enfermedades, que no pueden pagar el
dicho tributo.

Toda la demas gente deste dicho obispado, así de españoles
como mestizos, mulatos y negros é indios está á cargo, en la
doctrina é administración de los sanctos sacramentos, de clérigos, los cuales todos los que tienen cargo de ánimas son
treinta é siete, de los cuales solos dos, que son los rectores
desta ciudad, tienen señalado salario en los diezmos deste
dicho obispado, y por la Ereccion los ha de nombrar S. M.
como todos los demas beneficiados de todo el dicho obispado
que tienen parte en los diezmos ; y todos los otros curas del
dicho obispado, no tienen ninguna dotación en los diezmos,
de todo el dicho obispado, sino solamente las primicias, las
cuales hasta el día de hoy no se han pagado ni dado como se
suelen pagar en España, sino que cada uno da lo que quiere, y
la más gente no da nada, ni se les compele para que lo den : los
cuales dichos curas de todo el dicho obispado, sacados los dos
desta dicha ciudad, como está dicho, por la erección está mandado que los nombre el prelado, y los ponga é quite cuando le
pareciere que conviene, y esto porque haya más cuidado en las
cosas de la doctrina y administracion de los santos sacramentos, que son á cargo del prelado, lo cual se ha fecho hasta
el dia de hoy en toda esta Nueva España ; y por cédula particular de S. M., el prelado desta ciudad ha nombrado siempre
los curas de la catedral, que por la ereccion, como está dicho,
los ha de nombrar S. M.

En esta catredal desta dicha ciudad, **como** está dicho, hay dos retores, que son los curas, los cuales tienen cargo de todos los españoles é mestizos negros y mulatos é indios que están en casa de los dichos españoles desta ciudad, que serán tres cientos vecinos pocos más ó menos, que de tres partes la una dellas será de mestizos e mulatos, y las otras dos partes de españoles y españolas 300

Lo que se les da de los diezmos á **cada** uno de los dichos curas son ciento é veinte castellanos, de á cuatrocientos ochenta maravedís cada uno, de los cuales de cada uno dellos la otava parte á los sacristanes de la dicha catredal, porque les ayuden en todo lo que conviene á la administracion de los sanctos sacramentos y sirve en todo lo demas que conviene á la dicha iglesia en su oficio .... 120 ps.

Tambien les está señalado á los dichos rectores las primicias, las cuales hasta agora no se han pedido con rigor ni con justicia, sino solamente lo que ellos de su voluntad quieren dar sin premia alguna, que los más no las dan.

Hay otro cura en esta ciudad, el cual tiene cuidado de una iglesia que se dice de Santa Catalina, que antiguamente solia ser la catredal, en la cual se recogen los indios *naborias* que hay en esta ciudad, que son los advenedizos canteros, carpinteros y otros oficiales que se vienen á vivir á esta ciudad de otros pueblos, los cuales dan de tributo cada año á S. M. cada uno de ellos un peso, aunque hasta agora no está determinado si ha de llevar este tributo S. M. ó el Marqués, porque se trae pleito sobre ello ; del cual

dicho tributo se da al dicho cura en cada un
año cient pesos de oro porque tenga cargo
de los dichos indios en las cosas de la doctrina cristiana, diciéndoles misa é predicán-
doles y administrándoles los demas sanctos
sacramentos, en la cual dicha iglesia de Sta.
Catalina sirve el dicho cura una capellania
que dejó instituida en ella el obispo pasado
de buena memoria, por la cual le dan en
cada un año al dicho cura setenta pesos de
minas con los cuales y los dichos cient pesos
que le dan de los dichos tributos de los dichos *naorías* pasa como puede ; y este cura
es muy necesario para la dotrina destos dichos *naborías*, que serán como cuatrocientos, pocos más ó menos, que están poblados
unidos con la ciudad hácia la banda del
oriente y otros en huertas de españoles y en
otras partes en derredor de esta ciudad..... 70 ps.

Los pueblos que tienen á cargo los clérigos
sacerdotes en este dicho obispado de Antequera, son los siguientes :

En la villa é provincia de *Guazacualco* que
es la Villa del Espíritu Santo hay dos curas
que tienen cargo de la dicha villa y de todos
los pueblos que están subjetos á la jurisdicción de aquella villa, que más de la mitad de
ellos están en la real corona, y los demas en
encomenderos particulares, que por ser
muchos pueblecillos pequeños no se ponen
aqui los nombres. Habrá en la dicha villa
del Espíritu Santo como veinte vecinos españoles pocos más ó menos................ 20 vs.

Toda aquella provincia de *Guazacualco* se
ha tasado y contado agora de nuevo, y segun
la relacion de algunos de los que de allá han
venido han dado, se hallaron en toda ella
dos mill y ochocientos tributarios, pocos

mas ó menos, aunque otros han dicho que no se hallaron aun dós mill. Y como está tan lejos desta ciudad no se ha podido tener mas clara relación del número que son, para poder enviar este recaudo con tiempo...... 2.800

Da S. M. por los pueblos que están en su real corona á uno de los curas que allí están doscientos pesos de oro de minas de salario en cada un año, por el cargo que tiene de la dotrina é administracion de los sacramentos á los naturales de los dichos pueblos. 200

Y los encomenderos que tienen pueblos en encomienda dan otros doscientos pesos de oro de minas al otro cura por la dicha razon. 200

En esta provincia es menester otra cura para que haya bastante dotrina, porque aunque la gente no es mucha, está muy derramada, que hay pueblos que están más de cincuenta leguas de la villa, y estando dos curas solos no se puede visitar mas de tres ó cuatro veces en el año, y este con grande trabajo, porque está de ordinario el un cura en la villa y habiendo tres, andarian ordinariamente los dos visitando los pueblos, y el otro se estaría en la villa, y así con este salario que se da para los dos, y con otro poco de los cuatro novenos de los diezmos podrían medianamente pasar todos tres sin hacer mas gastos.

En el pueblo de *Tustla*, que está encomendado en el Marques del Valle, hay otro cura que tiene cargo del dicho pueblo, que terná con sus estancias ochocientos tributarios, poco más ó menos, aunque se ha dicho que han fallescido muchos de poco tiempo á esta parte ; y tiene asimismo cargo el dicho cura de un ingenio del Marqués, que está cuatro lehuas del dicho pueblo de *Tustla*, en el cual dicho ingenio, que al presente está arrendado, había así de españoles, como mulatos, negros é indios é otras personas, como doscientas personas, pocos mas ó menos.

200 ps. Da el Marques del Valle doscientos pesos de oro de minas de salario en cada un año al dicho cura por el cuidado de la doctrina é administracion de los sanctos sacramentos que administra á los naturales del dicho pueblo de *Tustla* é sus subjetos.

Y el arrendador del dicho ingenio le da al dicho cura cierta limosna por la visita que les hace en el dicho ingenio, que hasta agora no está determinada la limosna que le han de dar.

Este dicho ingenio, porque va adelante y cada día será más, convendría oviese otro cura que lo tuviese á cargo solo, é se le diese el salario competente, por haber gente en él, é irse cada día poblando, y tener en el dicho ingenio muchos provechos así del azúcar como de ganados mayores que tiene, é servirse todo por agua, y tienen muy poca costa, y están cerca de la Vera Cruz, donde se vende todo muy bien.

En el pueblo de *Guaspaltepeque*, que está en la real corona, hay otro cura el cual tiene cargo del dicho pueblo y su provincia, que antiguamente era cosa muy principal y agora es de muy poca gente, y del pueblo de *Tochitepeque*, que está tambien en la real corona, y del pueblo de *Utlatitlan*, que está encomendado en los herederos de Juan de Olimpias, los cuales dichos pueblos con sus estancias tendrán seiscientos pocos más ó menos. Está la mitad del dicho pueblo de

II. — 6

Guaspaltepeque en la real corona, é la otra
mitad en los herederos de Jorge de Alvarado.

150 ps.   Dásele de salario al dicho cura en cada un
año deste dicho pueblo de *Guaspaltepeque*
é su partido ciento y cincuenta pesos de
minas, repartidos por rata, conforme á como
cabe cada uno, é segun la renta que tienen.

En los *Guatinicamanes*, que son los pueblos de *Ycisi*, *Coban* y *Lalana* y la mitad de
Teutalcingo y de *Toabela* y de *Tlapa*, que
están en la real corona y la *Chixila* que está
encomendado en Daniel de Alcántara, y la
mitad de *Tlapa*, y la mitad de *Toabela* que
está encomendado en Juan Antonio, y la
mitad de *Teotalcingo* que está encomendado
en Francisco Flores, hay otro cura que tiene
cargo de todos los dichos pueblos, en los
cuales todos, con sus estancias, habrá mill
é quinientos tributarios, pocos más ó menos.   1.500

150 ps.   Dásele de salario al dicho cura de todos
estos dichos pueblos en cada un año ciento
é cincuenta pesos de minas repartidos por
rata, segun le cabe á cada uno de los dichos
encomenderos, conforme al tributo.

En el pueblo de *Chinantla*, que está en la
real corona, hay otro cura que tiene cargo
del dicho pueblo, el cual con sus estancias
todas tendrá novecientos tributarios pocos
más ó menos.........................   900

150 ps.   Dásele de salario al dicho cura en cada un
año por el servicio del dicho pueblo, ciento
é cincuenta pesos de minas que paga S. M.
de su real caja.

En el pueblo de *Ucila* hay otro cura que
tiene cargo del dicho pueblo y del de *Xitem*,
que están en la real corona y el pueblo de
Xicaltepeque que está encomendado en,

fulano Esquivel : los cuales dichos pueblos con sus estancias tendrán ochocientos tributarios pocos más ó menos.............. 800

150 ps. Dásele de salario al dicho cura en cada un año, por el servicio de los dichos pueblos, ciento é cincuenta pesos de minas, repartidos por rata, lo que cabe á S. M. é lo que cabe á los encomenderos.

En el pueblo de *Iztlan* hay otro cura que tiene cargo del dicho pueblo que está encomendado en fulano de Nava, y del otro pueblo de *Palapa*, que está encomendado en fulano Coronel, y el pueblo de *Içoatlan* y *Putlalcingo*, el pueblo de *Tenango* y el pueblo de *Zoyatlan* que están en la real corona ; y el pueblo de *Naicaosdoque*, que está encomendado en una viuda, los cuales dichos pueblos con sus estancias, tendrán ochocientos tributarios, pocos más ó menos. 800

140 ps. Dásele de salario al cura en cada un año por el servicio de los dichos pueblos ciento é cuarenta pesos de minas repartidos por rata lo que cabe á S. M. y lo que cabe á los encomenderos.

El pueblo de *Papalotiquipaque* hay otro cura que tiene cargo del dicho pueblo y de *Cuicatem* y de *Tepeucila* é de *Tututepectongo*, que están en la real corona, y tendrán con sus estancias, mill é trescientos tributarios pocos más ó menos................ 1.300

150 ps. Dásele de salario al dicho cura en cada un año por servicio de los dichos pueblos ciento é cincuenta pesos de minas, los cuales paga S. M. de su real caja.

El pueblo de *Atlatlauca* hay otro cura que tiene cargo del dicho pueblo, que la mitad dél está en la real corona é la otra mitad encomendado en Juan Gallego, y el pueblo

de *Malinaltepeque*, que está en la real
corona, y el pueblo de *Cuitlavistla* que está
encomendado en García de Robles, y del
pueblo de *Nahualcatepeque*, encomendado
en Maria de Godoy, los cuales dichos pueblos con sus estancias, tendrán mill é trescientos tributarios, pocos más ó menos..... 1.300

170 ps.   Se le da de salario al dicho cura cada un
año por el servicio de los dichos pueblos
ciento y setenta pesos de minas repartidos
por rata como los demas.

En el pueblo de *Zozola* hay otro cura que
tiene cargo del dicho pueblo y de *Texute-
peque*, que está encomendado en Antonio
de Grijalva y el pueblo de *Yztacatepeque*,
Tonatepeque y *Alpizagua*, que están en la
real corona, los cuales dichos pueblos con
sus estancias tendrán mill é cient tributarios, pocos más ó menos................ 1.100

150 ps.   Dásele de salario al dicho cura en cada un
año por el servicio de los dichos pueblos
ciento é cincuenta pesos de minas repartidos
por rata.

En el pueblo de *Apuala* hay otro cura que
tiene cargo del dicho pueblo y de *Xocotiqui-
paque* que están encomendados en García de
Robles, y de *Chichiguastepeque* é *Quautla*
que están en la real corona, y de *Xaltepetongo* que está encomendado en Agustin de
Salinas : que los dichos pueblos con sus
estancias tendrán mill é seiscientos tributarios, pocos más ó menos................ 1.600

150 ps.   Dásele de salario al dicho cura en cada un
año por el servicio de los dichos pueblos
ciento é cincuenta pesos de minas, repartidos por rata.

En el pueblo de *Tilatongo* hay otro cura
que tiene cargo del dicho pueblo que está en

la real corona, y del pueblo de *Tauztlauaca* que está encomendado en Francisco de Alaves, en los cuales dichos pueblos con sus estancias habrá mill é cuatrocientos tributarios pocos más ó menos.................. 1.400

180 ps. Dásele de salario al dicho cura en cada un año por el servicio de los dichos pueblos ciento é ochenta pesos de minas, repartidos por rata.

En el pueblo de *Mitlantongo*, que está encomendado en Antonio de la Mota, ha de haber otro cura que tenga cargo del dicho pueblo é del pueblo de *Tamaçola*, que está encomendado en Juan de Valdevieso, que este año de setenta é uno los visita el cura del pueblo de *Tilantongo* y el cura de *Teozacualco*, porque sean los naturales dellos bien dotrinados, en los cuales dichos dos pueblos con sus estancias habrá ochocientos tributarios, pocos más ó menos........... 1.800

150 ps. Puédesele dar al dicho cura que en los dichos pueblos estuviere é los tuviere á cargo el salario ordinario, que son ciento y cincuenta pesos de minas.

En el pueblo de *Chalcatongo* hay otro cura que tiene cargo del dicho pueblo y de *Quatlatlauca* y *Toyaque*, que están encomendados en D. Tristain de Arellano ; y del pueblo de *Yolotepeque*, encomendado en Alonso Castellanos, en los cuales dichos pueblos con sus estancias habrá mill é doscientos tributarios, pocos más ó menos.............. 1.200

150 ps. Dásele de salario al dicho cura en cada un año por el servicio de los dichos pueblos ciento é cincuenta pesos de minas, que pagan los encomenderos repartidos por rata conforme á los demas.

En el pueblo de *Teuzacualco* hay otro cura

que tiene cargo del dicho pueblo y de *Amoltepeque* que están en la real corona, en los
cuales dichos pueblos con sus estancias
habrá ochocientos tributarios, pocos más ó
menos 1.800

150 ps.   Dásele de salario al dicho cura en cada un
año por el servicio de los dichos pueblos
ciento é cincuenta pesos de minas, que
paga S. M. de su real corona.

En los pueblos de los Peñoles, que son
*Izcuintepeque, Estetla, Quaugolotitlan, Cui-
quitepeque, Totomochapa, Elotepeque,* que
están en la real corona, hay otro cura que
tiene cargo de los dichos pueblos, en los
cuales, con sus estancias, habrá míll tributarios, pocos más ó menos.................... 1.000

150 ps.   Dásele de salario al dicho cura por el servicio de los dichos pueblos en cada un año
ciento é cincuenta pesos de minas, que
paga S. M. de su real corona.

En el pueblo de *Zacatepeque* que está encomendado en Rafael de Trejo, hay otro cura
que tiene cargo del dicho pueblo y del pueblo de los *Amuzgos,* que está encomendado
en Hernando Avila, y del pueblo de *Istlayu-
ta,* que esta encomendado en Cristóbal López, en los cuales dichos pueblos con sus
estancias habrá mill é cincuenta tributarios,
pocos más ó menos..................... 1.050

150 ps.   Dásele de salario al dicho cura en cada un
año por el servicio de los dichos pueblos
ciento y cincuenta pesos de minas repartidos por rata.

En el pueblo de *Ometepeque* hay otro cura
que tiene cargo del dicho pueblo de *Suchis-
tlauaca* que están encomendados en Martin
Hernandez de Herrera ; y de los pueblos de
Ayncinapa, encomendado en los herederos

de Pierres Gomez, y del pueblo de *Xicayan*, encomendado en los herederos de Tobar : en los cuales dichos pueblos con sus estancias habrá mill é cient tributarios, pocos más ó menos 1.100

150 ps.   Dásele de salario al dicho cura en cada un año por el servicio de los dichos pueblos ciento é cincuenta pesos de minas, repartidos por rata.

En el pueblo de *Ygualapa*, que está encomendado en Bernardino del Castillo, hay otro cura que tiene cargo del dicho pueblo, y del pueblo de *Azoynque*, que parte de él está en la real corona, é parte en los herederos de Francisco Vázquez Coronado, é parte dél está en los herederos de Bernardino Vásquez de Tapia ; y del pueblo de *Tlacolula*, encomendado en los herederos de Badajoz ; en los cuales dichos pueblos con sus estancias habrá novecientos tributarios, pocos más ó menos..................... 900

150 ps.   Dásele al dicho cura de salario en cada un año por el servicio de los dichos pueblos ciento é cincuenta pesos de minas, repartidos por rata.

En el pueblo de *Xicayan* hay otro cura que tiene cargo del dicho pueblo é de *Atoyaque* y de *Tetepeque*, que está la mitad dellos en la real corona, y la otra mitad está encomendado en Pedro Nieto, y del pueblo de *Quauitem* y del pueblo de *Putatla* que está en la real corona, y del pueblo de *Tlacamama* que está encomendado en los herederos de Badajoz, en los cuales dichos pueblos con sus estancias habrá ochocientos tributarios, pocos más ó menos.................... 800

150 ps.   Dásele de salario al dicho cura en cada un año por el servicio de los dichos pueblos

ciento é cincuenta pesos de minas, repartidos por rata como los demas.

En la provincia de *Tututepeque* que está
encomendada en D. Luis de Castilla hay un
vicario é un cura que tienen cargo de todos
los naturales de la dicha provincia y del
pueblo de *Yetepeque*, en los cuales dichos
pueblos con sus estancias habrá tres mill
é doscientos tributarios, pocos más ó menos.   3.200

200 ps.   Dásele de salario al dicho vicario que tiene
cargo de los dichos pueblos doscientos pesos
de minas en cada un año ; y al dicho cura se
170 ps.   le dan de salario en cada un año ciento y
setenta pesos de minas los cuales pagan los
dichos encomenderos por ratas.

En esta provincia es menester otro cura,
así porque hay cantidad de gente como
porque está muy derramada, y en tierra
muy fragosa y cálida, y como están agora se
visitan, y de tarde en tarde.

En el pueblo de *Zola*, que está encomendado en Cristobal López, hay otro cura que
tiene cargo del dicho pueblo, y del pueblo
de *Cenzontlepeque*, que está encomendado
en Juan de Valdevieso, y en García de Contreras, en los cuales dichos pueblos con sus
estancias habrá mill tributarios, pocos más
ó menos.............................   1.000

130 ps.   Dásele de salario al dicho cura en cada un
año por el servicio de los dichos pueblos
ciento é treinta pesos de minas repartidos
por rata.

En el pueblo de *Yxutla* que está encomendado en Matheo Matheo (*sic*) de Monjaraz é
Alonso de Loaysa, hay otro cura que tiene
cargo del dicho pueblo é de ciertas estancias
de indios subjetas á otros pueblos que están
allí en comarca, en el cual dicho pueblo y

estancias habrá trescientos é cincuenta tributarios, pocos mas ó menos............ 350

Asimismo tiene cargo el dicho cura de la gente que está en veinte é una ó veinte y dos estancias de ganado que están allí en comarca de españoles, negros y mulatos é indios *naborias* que entre todos puede haber ciento é cincuenta personas.............. 150

50 ps. Dásele de salario al dicho en cada un año por el servicio del dicho pueblo de *Ixutla* cincuenta pesos de.... los encomenderos del dicho pueblo, y los señores de las estancias le dan al dicho cura la limosna que les pertenece por la visita que les hace, porque hasta agora no está tasado lo que se le ha de dar. Y este dicho cura es muy necesario en este lugar, así para la gente de las estancias dichas de los españoles como para los naturales del dicho pueblo ; y conviene se le señale salario competente como pueda vivir, porque como está agora no se puede sufrir, ni hay quien quiera estar allí.

En el pueblo de *Miaguatlan* que está encomendado en Matheo de Monjaraz é Alonso de Loaysa hay otro cura que tiene cargo del dicho pueblo y del pueblo de *Amatlan* que está en la real corona, en los cuales dichos pueblos con sus estancias habrá mill é cuatrocientos tributarios, pocos más ó menos 1.400

150 ps. Dásele de salario al dicho cura en cada un año por el servicio de los dichos pueblos ciento é cincuenta pesos de minas, que pagan los encomenderos del dicho pueblo de

20 ps. *Miaguatlan ;* é veinte pesos del dicho oro de minas que paga S. M. de su real caja por el dicho pueblo de *Amatlan*.

El pueblo de *Titiquipa* que está en la real

corona hay otro cura que tiene cargo del
dicho pueblo y del pueblo de *Cozautepeque*
y *Puchutla* y *Tonameca* que están en la real
corona : los cuales dichos pueblos con sus
estancias, tendrán novecientos tributarios,
pocos más ó menos..................... 900

150 ps.   Dásele de salario al dicho cura en cada un
año por el servicio de los dichos pueblos
ciento é cincuenta pesos de minas, que
paga S. M. de su real caja.

En el pueblo de *Ocelotepeque*, que está
encomendado en Andres Ruiz, hay otro cura
que tiene cargo del dicho pueblo, é de los
pueblos de la *Paguia* y *Pilcintepeque*, que
están en la real corona, los cuales dichos
pueblos con sus estancias tendrán mill é
doscientos tributarios, pocos más ó menos.. 1.200

150 ps.   Dásele de salario al dicho cura en cada un
año por el servicio de los dichos pueblos
ciento é cincuenta pesos de minas ; que los
cincuenta pesos de minas paga S. M. de su
real caja, y los ciento paga el encomendero.

En el puerto de *Guatulco* hay otro cura
que tiene cargo del dicho puerto é de la
gente de los navios que allí vienen é contra-
tacion que allí hay, que es cantidad, y de los
pueblos de *Cimatlan* y *Suchitepeque*, que
están en la real corona, y del pueblo de *Guatulco* que está encomendado en Bartolomé
López : en los cuales dichos pueblos con sus
estancias podrá haber quinientos é cincuenta indios tributarios, pocos más ó menos... 550

200 ps.   Dásele de salario al dicho cura en cada un
año por el servicio de los dichos pueblos
doscientos pesos de minas : los cientos y
setenta pesos paga S. M. de su real caja, y
los treinta pesos del dicho oro paga el encomendero.

En este puerto de *Guatulco* converná que
haya un cura que no entienda en otra cosa
sino en tener cargo de la gente que allí está
é allí acuden en los navíos á sus contrata-
ciones, porque es número de gente la que
va é viene y la gente que viene por la mar ;
y como la tierra es cálida cae mucha gente
enferma, y si no hay allí remedio de quien
les administre los santos sacramentos,
acaescen muchos desastres de morirse sin
ellos ; y los dichos pueblos están algo des-
viados del dicho puerto, en los cuales con-
vendrá poner otro cura, juntando otro pueblo con ellos.

En el pueblo de *Guamelula* hay otro cura
que tiene cargo del dicho pueblo y del pueblo de *Iztlatla*, que están en la real corona, y
del pueblo de *Cimatlan* que está encomendado en los herederos de Zamora *naguatato*,
en los cuales dichos pueblos con sus estancias puede haber mill tributarios, pocos más
ó menos............................... 1.000

150 ps. Dásele de salario al dicho cura en cada un
año por el servicio de los dichos pueblos
ciento é cincuenta pesos de minas, que
paga S. M. de su real caja porque el encomendero del dicho pueblo de *Mazate*, por ser
muy poca cosa no paga nada.

En el pueblo de *Miquitla*, que está en la
real corona, hay otro cura que tiene cargo
del dicho pueblo, é de los pueblos de *Totolapa* que está encomendado en Francisco
de Villaroel, é *Zoquitlan* encomendado en
Francisco Flores, en los cuales dichos pueblos con sus estancias podrá haber mill é
doscientos tributarios pocos más ó menos.. 1.200

150 ps. Dásele de salario al dicho cura en cada un
año por el servicio de los dichos pueblos

ciento é cincuenta pesos de minas, que los ciento paga S. M. de su real caja, y los otros cincuenta pagan los encomenderos.

En el pueblo de *Coatlan*, que está encomendado en Mateo de Moñjaraz é Alonso de Loaysa, hay otro cura que tiene del dicho pueblo, y del pueblo de *Cocolotepeque*, que está encomendado en Alonso de Loaysa, en los cuales dichos pueblos con sus estancias habrá novecientos tributarios, pocos más ó menos 900

110 ps.   Dásele de salario al dicho cura en cada un año, por el servicio de los dichos pueblos, ciento é diez pesos, repartidos por rata.

En el pueblo de *Chicomesuchil*, que está encomendado en Diego de Vargas, hay otro cura que tiene cargo del dicho pueblo, é del pueblo de *Iztlan*, que está encomendado en Juan Ramirez, y del pueblo de *Capulalpa*, que está encomendado en los herederos de Juan Núñez Sedeño, en los cuales dichos pueblos con sus estancias podrá haber mill y doscientos tributarios, pocos más ó menos 1.200

150 ps.   Dásele de salario al dicho cura en cada un año por el servicio de los dichos pueblos, ciento é cincuenta pesos de minas, repartidos por rata, conforme á la renta que tiene el encomendero.

En el pueblo de *Iztepexe* hay otro cura que tiene cargo del dicho pueblo y del pueblo de *Tecoquilco* y *Zoquiapa* y *Xaltianguisco* que están en la real corona, en los cuales dichos pueblos con sus estancias podrá haber setecientos tributarios, pocos más ó menos 700

150 ps.   Dásele de salario al dicho cura en cada un año por el servicio de los dichos pueblos,

ciento é cincuenta pesos de minas, que paga S. M. de su real caja.

En el pueblo de *Atepeque*, que está en la real corona, hay otro cura que tiene cargo del dicho pueblo é del pueblo de *Yoloxinequila*, que está encomendado en Sebastian de Salas, é del pueblo de *Macuiltianguis* que está encomendado en el dicho Sebastian de Salas, y del pueblo de *Uzciciltengo*, que la mitad de él está en la real corona, é la otra mitad en Juan Gallego, los cuales dichos pueblos con sus estancias tendrán mill tributarios pocos mas ó menos.............. 1.000

150 ps. Dásele de salario al dicho cura en cada un año por el servicio de los dichos pueblos, ciento é cincuenta pesos de minas, repartidos por rata.

En el pueblo de *Teutitlan* y su comarca ha habido hasta agora un vicario é un cura que han tenido cargo del dicho pueblo de *Teutitlan*, é de los pueblos de *Nextepeque* é *Tecomauaca* é *Quiotepeque*, que están en la real corona, é de los pueblos de *Guautla* y *Nanaotiquipa*, que están encomendados en Melchor Castañon, los cuales dichos pueblos con sus estancias, tendrán mill é ochocientos tributarios, pocos más ó menos........ 1.800

250 ps. Dásele de salario á los dichos vicario é cura en cada un año por el servicio de los dichos pueblos, doscientos é cincuenta pesos de minas, que los doscientos paga S. M. de su real caja, é los cincuenta pesos paga el dicho encomendero.

Los naturales del dicho pueblo de *Teutitlan* de poco tiempo á esta parte han pedido tengan á su cargo el dicho pueblo religiosos, é por su contento é porque haya más dotrina se les ha concedido, y aunque hasta agora

no han ido al dicho pueblo los dichos reli-
giosos, se tiene entendido que irán.

39.200

Todos los pueblos susodichos son los **que en** este dicho
obispado tienen á cargo los dichos curas, segun é **como** va
declarado por sus partidas é capítulos, y no hay otros **pueblos**
en todo este dicho obispado ni partido, más de los susodichos,
como dicho es.

Porque **en** esta relación é cuenta que enviamos se podría
advertir é parar en tres cosas, que la primera es que unos
curas tienen mas salario que otros, y otros menos gente que
otros á cargo, y otros tienen muy poco salario que otros; á
lo cual satisfaciendo decimos é respondemos, que los curas
que llevan mas salario que otros, se les da por razon que tienen
el partido mas lejos de esta ciudad que los otros, y ser la
tierra mas trabajosa, cálida y enferma y cara, que no se pueden
sustentar sino con mucho trabajo, y á esta cabsa se le señala
y da mas salario que á los demas curas. Los curas que tienen
menos gente á cargo que otros é llevan el salario ordinario,
tiénese respeto á que el partido é pueblos que tienen á cargo
están muy derramados y mal poblados, y están de suerte que
no se pueden juntar otros pueblos con ellos por estar muy
apartados y ser trabajosa la visita de ellos. Los otros curas
que tienen muy poquito salario y poca gente y menos que los
demas, no se les puede señalar mas salario, por razon de ser
la gente que tienen á cargo poca é pobre, é ser poco el tributo
que dan.

Aunque hasta agora se ha tenido é guardado la orden é
forma y estilo que en esta relacion é cuenta inviamos é al
presente se guarda, no estamos muy satisfechos de que en
ellos se acierte llevar esta misma orden para adelante, por ser
esta tierra é gente nueva, é ir cada día quitando é poniendo
unos curas de unos pueblos, é poniéndoles en otros por conve-
nir se haga **así**. Y para si se oviese de proveer por S. M. en
este obispado los partidos é curatos de él, segun lo manda,
y sería acertado é convendría que siendo S. M. dello servido,
viniesen los pueblos é partidos que oviesen de ser proveidos

á los dichos curas, en blanco, por causa de la diferencia de lenguas que hay en este dicho obispado, y para que acá se les diese al cura que es lengua *zapoteca* el partido é pueblos *zapotecas*, y al que es de lengua *mije* el pueblo *mije*, y así desta suerte é forma fuese dando el partido al cura que fuese lengua de él. Y al que es viejo y le conviniese tierra cálida, se le diese, y al que frígida, por el consiguiente, para que en todo se acertase é tuviese buen orden é modo.

Y aunque en este obispado hay clérigos muy honrados y de confianza, así de los antiguos como de los de menos edad, mirando bien el negocio que traemos entre manos, que es la doctrina cristiana é salavacion de estos naturales, todos somos muy defetuosos, porque los antiguos que con sus canas, abtoridad é buen ejemplo habian de ayudar principalmente á estos pobres naturales muchos dellos no saben las lenguas de los dichos naturales ; y si saben alguna lengua, es algo de la mexicana que no es la de los naturales deste dicho obispado, aunque no hay ningun pueblo donde no hay algunos que entiendan la dicha lengua mexicana, y así es defeto grande no se saber la propia lengua, pues sin ella no se puede administrar los santos sacramentos á todos.

Y en los demas que saben las lenguas de los naturales, ó mucha parte de ellas, que son los de menos edad, harta falta es ser mozos para ponerlos en un negocio tan arduo, con tanto peligro suyo, y aun de algunos naturales ; pero como á esto no se pueda poner remedio de presente, no hay que parar en ello, sino encomendarlo todo al Señor, que S. M. supla las faltas de todos.

Los clérigos sacerdotes que en este dicho obispado hay, que son mas antiguos y saben la lengua mexicana, ó algo de ella, unos mas y otros menos, á quien S. M. podría hacer merced, son los siguientes :

El P. Hernan Gomez de la Cueva.

El P. Juan Garcia, el cual deprende la lengua *Chinanteca*.

El P. Blas Gomez de Valdelomar.

El P. Juan Nuñez Lozano.

El P. Bartolomé de Iscar.

El P. Juan Batista Corvera.

El P. Francisco Araez.

El P. Diego de Trujillo.

El P. Juan Martinez.

El P. Pedro Felipe.

El P. Diego Alvarez.

El P. Juan de Tordesillas.

El P. Simon de Miranda, el que sabe un poco de la lengua *zapoteca*.

Los clérigos sacerdotes que son de menos edad y tambien son lengua mexicana, y saben parte de las otras lenguas deste dicho obispado son los siguientes :

El P. Esteban de Alaves el cual sabe la lengua mexicana, *misteca* y *cuicateca*.

El P. Juan de la Cruz, que sabe algo de la lengua *chinanteca*.

El P. Pedro de Mendoza, que sabe tambien la lengua *zapoteca*.

El P. Melchor de Valdes, que sabe la lengua *chinanteca*.

El P. Martin de la Mezquita deprende la lengua *cuicateca*.

El P. Martin de Robles confiesa en la lengua *misteca*.

El P. Martin de Heredia deprende la lengua *chinanteca*.

El P. Pedro Franco sabe la lengua mexicana é *zapoteca*.

El P. Gaspar de Ulloa sabe la lengua *zapoteca*.

El P. Jordan Vaz deprende la lengua *zapoteca*.

El P. Sebastian de Quiros deprende la lengua *misteca*.

El P. Antonio Trevino sabe tambien la lengua *misteca*.

El P. Cristobal Gil sabe tambien la lengua *zapoteca*.

El P. Gonzalo de las Casas sabe tambien la lengua de *Nopala*.

El P. Pablo de Acevedo sabe tambien la lengua *zapoteca*.

El P. Pedro Delgado deprende tambien la lengua de la provincia de *Guazacualco*.

El P. Cristobal de Molina sabe tambien un poco de *zapoteca*.

El Br. Gutierre Lopez sabe tambien la lengua *zapoteca*.

El Br. Bartolome de Pisa sabe tambien la lengua *zapoteca*.

De los prebendados de esta santa Iglesia hay algunos que saben bien las lenguas deste obispado allende de la mexicana, que son los siguientes :

El canónigo Pedro de Alaves sabe muy bien la lengua *misteca*.

El canónigo Nuflo Martin sabe bien la lengua *zapoteca*.

El canónigo Alonso Maldonado sabe un poco de la lengua *misteca*.

El canónigo Juan de Angulo sabe bien la lengua mexicana.
Gaspar de Tarifa, diácono, sabe muy bien la lengua *zapoteca.*
Andres de Monjaráz, diácono sabe un poco de la lengua *zapoteca* y sabe muy bien la mexicana.

Juan de Santisteban, diácono, sabe muy bien la lengua mexicana é un poco de la *zapoteca.*

Otros clérigos hay en este dicho obispado que de presente entienden en la dotrina de los naturales, pero estos son los que hacen al caso.

Aunque agora deprende la lengua con mucha diligencia un clérigo nuevamente venido de España, que se llama Pedro Gómez de Espinosa, y ha dado muy buenas muestras de su persona — *Fr. B. Epus. Antiqresis* — Por mandado de su Sria. Rma, Joan de Leon. notario público, Secretario.

CARTAS DE RELIGIOSOS

TLAPA.

En el pueblo de *Tlachinola* ó *Tlapa,* que está la cuarta parte en cabeza de S. M., y la mitad en encomienda de Da. Beatriz de Estrada, viuda, mujer que fué de Francisco Vázquez Coronado, ya difunto, y la otra cuarta parte en los hijos de Bernardino Vazquez de Tapia, ya difunto, que cae á la parte de mediodia, y dista de la ciudad de México cuarenta y seis leguas. hay un monesterio de la orden de Santo Agustin en el cual residen comunmente cinco religiosos para la administracion de los naturales de dicho pueblo y provincia. Los que al presente residen son Fr. Alonso Delgado, prior del dicho monesterio, teólogo predicador y confesor de españoles y yndios. Fr. Cristobal de Santo Agustin, sacerdote, confesor de indios. Fr. Joan Manuel, sacerdote, predicador y confesor de indios. Fr. Ignacio de Lariz, sacerdote, confesor de indios enfermos. Fr. Joan Moreno, diácono.

Hay en esta cabecera y sujetos desta dicha provincia de *Tlapa,* cinco mil y trescientos y treinta y un tributantes casados y viudos, y que no tributan por enfermos noventa y seis, y muchachos en poder de sus padres, dos mil y sesenta y uno.

TLAPA.

La cabecera de *Tlapa* tiene doscientos y veinte y ocho casados y viudos.

Metlaonoc, estancia sujeta á la dicha cabecera, dista della siete leguas, tiene veinte y un tributantes, casados y viudos.

Calpanalpa, sujeto á esta dicha cabecera, dista della nueve leguas, tiene quince tributantes, casados y viudos.

Citlaltepec, sujeto á la dicha cabecera, dista della doce leguas, tiene cuarenta y cuatro tributantes, todos casados.

Ayotzinapa, sujeta á la dicha cabecera, dista della cinco leguas, tiene cincuenta y dos tributantes.

Quauhtelolotitlan sujeta á esta dicha cabecera, dista de ella seis leguas, tiene cincuenta y seis tributantes.

Aquilpa, pueblo sujeto á la dicha cabecera, dista della tres leguas : tiene doscientos y dezisiete tributantes casados y viudos.

Mictzinco, sujeto desta dicha cabecera, dista della cuatro leguas, tiene ocho tributantes.

Tlatlauhquitepec, sujeto á esta cabecera, dista siete leguas, tiene catorce tributantes.

Malinaltepec, estancia desta cabecera, dista della diez leguas, tiene catorce tributantes.

Anenecuilco, estancia desta cabecera, dista seis leguas, tiene treinta y un tributantes, entre casados y viudos.

Xocotla, estancia desta cabecera, dista tres leguas, tiene setenta y cinco tributantes.

Apoyécan, estancia desta dicha cabecera de *Tlapa*, dista tres leguas y media, tiene cinto y sesentá tributantes, casados y viudos.

Alxuxuca, sujeta á esta dicha cabecera, dista della tres leguas : tiene diez tributantes casados.

Patlichan, estancia desta dicha cabecera, dista della seis leguas, tiene cuarenta y seis tributantes, casados y viudos.

Copanaloyac, estancia de *Tlapa*, dista della cinco leguas, tiene ciento y veinte y tres tributantes, casados y viudos.

Zoyatla, estancia desta cabecera, dista della tres leguas tiene doce tributantes casados.

Tlacotla, estancia desta dicha cabecera, dista della dos leguas, tiene quince tributantes casados.

Zacatipan, estancia desta dicha cabacera, dista della dos leguas, tiene cinco tributantes.

Xalatzala, estancia desta dicha cabecera, dista della legua y media, tiene treinta y nueve tributantes casados y viudos.

Solteros con tierras que tributan en esta dicha cabecera hay veinticinco.

Solteros sin tierras debajo del dominio de sus padres, que no tributan, hay cincuenta y cuatro.

ATLIZTACA.

Atliztaca, pueblo y cabecera, sujeta á la dicha cabecera de *Tlapa*, dista della ocho leguas, tiene cien tributantes, entre casados y solteros.

Matlacicpatla, estancia de *Atliztaca*, sujeta á esta dicha cabecera, dista de *Tlapa*, nueve leguas, tiene veinte y tres tributantes.

Chaltzinco, estancia de *Atliztaca*, sujeta á esta dicha cabecera de *Tlapa*, dista de esta dicha cabecera de *Tlapa* nueve leguas, tiene once tributantes casados.

Cuauhchiautla, estancia de *Atlizta*, sujeta á esta dicha cabecera de *Tlapa*, dista desta dicha cabecera de *Tlapa* doce leguas, tiene cinco tributantes casados.

Olintlatzala, estancia de *Atliztaca*, sujeta á esta dicha cabecera de *Tlapa*, dista desta dicha cabecera de *Tlapa* seis leguas : tiene veinte y seis tributantes casados.

Apoyeca, estancia de *Atliztaca*, sujeta á esta dicha cabecera de *Tlapa*, dista desta dicha cabecera doce leguas, tiene dezisiete tributantes casados y vitudos.

Tlieyxtlahuacan, estancia de *Atliztaca*, sujeta á esta dicha cabecera de *Tlapa* dista de la dicha cabecera de *Tlapa* nueve leguas, tiene veinte tributantes casados y viudos.

Ahuitztla estancia de *Atliztaca*, sujeta á esta dicha cabecera de *Tlapa*, dista desta dicha cabecera de *Tlapa* nueve leguas. tiene treinta y siete tributantes casados y viudos.

Yacatipan stancia de *Atliztaca*, sujeta á esta dicha cabacera de *Tlapa*, dista desta dicha cabecera diez leguas, tiene cinco tributarios casados.

Solteros con tierras, que tributan, sujetos al dicho pueblo de *Atliztaca* y á la dicha cabecera de *Tlapa*, como principal, se hallaron siete tributantes.

Solteros sin tierras, que están debajo del dominio de sus padres, que no tributan, halláronse once.

CALTITLAN.

Caltitlan, cabacera y pueblo sujeto á *Tlapa*, esta encorporado en el mismo pueblo de *Tlapa* y sitio : tiene ciento y nueve tributantes, casados y viudos.

Tolinpetlaloya, estancia, sujeto de esta cabecera de *Caltitlan*, dista de la dicha cabecera de *Tlapa* una legua : tiene cincuenta y ocho tributantes casados y viudos.

Cuyuixtlahuacan, estancia de *Caltitlan*, sujeto á la dicha cabecera de *Tlapa* dista de la dicha cabecera de *Tlapa* siete leguas, tiene cien tributantes casados y viudos.

Ahuatenango, estancia de *Caltitlan*, pueblo sujeto á la dicha cabecera de *Tlapa*, dista de *Tlapa* tres leguas, tiene veinte y tres tributantes casados y viudos.

Cuauhpinoltitlan, estancia de *Caltitlan*, pueblo sujeto á la dicha cabecera de *Tlapa*, dista de *Tlapa* seis leguas : tiene once tributantes.

Tlahuapan, estancia de *Caltitlan*, dista de *Tlapa* ocho leguas : tiene veinte y ocho tributantes.

Ychpuxtla, estancia de *Caltitlan*, dista de *Tlapa* nueve leguas, tiene doce tributantes casados.

Chimaltepec, estancia de *Caltitlan*, dista de *Tlapa* nueve leguas, tiene treinta y dos tributantes casados.

Cuixapa, estancia de *Caltitlan*, dista de *Tlapa* ocho leguas, tiene treinta treinta (*sic*) tributantes, casados y viudos.

Yolapa, estancia de *Caltitlan*, dista de *Tlapa* cuatro leguas, tiene veinte y cinco tributantes, casados y viudos.

Quetzalapa, estancia de *Caltitlan*, dista de *Tlapa* cuatro leguas, tiene cuarenta y seis tributarios, casados y viudos.

Cuauhtzintla, estancia de *Caltitlan*, dista de *Tlapa* cuatro leguas : tiene nueve tributantes casados.

Yohuala, barrio de *Caltitlan*, dista de *Tlapa* tres leguas, tiene cuatro tributarios casados.

Metlaychan, estancia de *Caltitlan*, dista de *Tlapa* dos leguas : tiene ocho tributantes casados.

Atlemaxactzinco, estancia de *Caltitlan*, dista de *Tlapa* legua y media, tiene doce tributantes casados y viudos.

Oztotzinco, estancia de *Caltitlan*, dista de *Tlapa* tres leguas, tiene treinta y dos tributarios casados y viudos.

Copanatoyac, estancia de *Caltitlan*, dista de *Tlapa* cinco leguas, tiene quince tributarios casados y viudos.

Ocotequila, estancia de *Caltitlan*, dista de *Tlapa* dos leguas y media, tiene cuarenta y dos tributarios casados y viudos.

Zoyatlan, estancia de *Caltitlan*, dista de *Tlapa* dos leguas, tiene deciocho tributarios casados.

Tlachuiltzinco, estancia de *Caltitlan*, dista de *Tlapa* legua y media, tiene veintiocho tributarios casados y viudos.

Xalpatlahuacan, estancia de *Caltitlan*, dista de *Tlapa* legua y media, tiene treinta y siete tributarios casados y viudos.

Los indios solteros, con tierras, que se hallaron en esta dicha cabacera de *Caltitlan* y sus estancias, sujetas á *Tlapa*, son diez tributarios.

Los indios solteros que estaban debajo del dominio de sus padres, que no tributan son cuatro.

ATLEMAXAC.

Atlemaxac, cabecera, sujeta á la dicha cabecera de *Tlapa*, dista desta dicha cabecera de *Tlapa* una legua : tiene ciento y cuarenta tributantes, casados y viudos.

Tecuyotzihuácan, estancia de *Atlemaxac*, dista de *Tlapa* tres leguas, tiene veinte y nueve tributantes casados.

Ahuacatitlan, pueblo de *Atlemaxac*, dista de *Tlapa* cinco leguas : tiene sesenta y tres tributarios casados y viudos.

Cuauhxilotitlan, estancia de *Atlemaxac*, dista de *Tlapa* seis leguas, tiene setenta y cinco tributarios casados y viudos.

Atliztaca, estancia de *Atlemaxac*, dista de *Tlapa* siete leguas, tiene ciento y siete tributarios casados y viudos.

Cuamochiztlahuacan, estancia de *Atlemaxac*, dista de *Tlapa* ocho leguas, tiene cincuenta tributarios casados.

Amalpilcac, estancia de *Atlemaxac*, dista de *Tlapa* siete leguas, tiene ciento y cincuenta tributarios, casados y viudos.

Tlayultepec, estancia de *Atlemaxac*, dista de *Tlapa* seis leguas, tiene cuarenta y cinco tributarios, casados y viudos.

Alcozauhca, pueblo de *Atlemaxac*, dista de *Tlapa* seis leguas, tiene doscientos y sesenta y dos tributarios casados y viudos.

Xonacatlan, estancia de *Atlemaxac*, dista de *Tlapa* cinco leguas, tiene setenta y dos tributarios casados y viudos.

Totomochapan, estancia de *Atlemaxac*, dista de *Tlapa* tres leguas, tiene setenta y seis tributarios casados y viudos.

Metlaychan, estancia de *Atlemaxac*, dista de *Tlapa* dos leguas, tiene dezinueve tributarios casados y viudos.

Solteros, con tierras, que se hallaron en la dicha cabecera de *Atlemaxac* y sus estancias, sujetas al dicho pueblo de *Tlapa*, son cinco.

Solteros sin tierras en estos dichos pueblos, veinte y cuatro.

YGUALA.

Yguala, cabecera y pueblo sujeto á *Tlapa*, dista de la dicha *Tlapa* tres leguas, tiene ciento y trece tributarios casados y viudos.

Xuchapa, estancia de *Yguala*, dista de *Tlapa* ocho leguas, tiene sesenta y dos tributarios casados y viudos.

Tepecocatlan, estancia de *Yguala*, dista de *Tlapa* seis leguas, tiene veinte tributarios, casados y viudos.

Atlemaxactzingo, estancia de *Yguala* dista de *Tlapa* ocho leguas, tiene sesenta y cinco tributarios casados y viudos.

Apoyecatzingo, estancia de *Yguala*, dista de *Tlapa* cuatro leguas tiene noventa y seis tributarios casados é viudos.

Ahuexutla, estancia de *Yguala*, dista de *Tlapa* tres leguas tiene cuarenta y seis tributarios casados y viudos.

Tututepec, estancia de *Yguala*, dista de *Tlapa* tres leguas, tiene cuarenta y seis tributarios, casados y viudos.

Solteros, con tierras, que tributan, se hallaron en esta dicha cabecera y en sus estancias, seis.

Solteros sin tierras diez.

YCHCATEOPAN.

Ychcateopa, cabecera sujeta á *Tlapa*, dista dos leguas y media, tiene ochenta y siete tributarios, casados y viudos.

Almolonga, estancia de *Ychcateopa*, dista de *Tlapa* siete leguas, tiene once tributarios casados y un viudo.

Ytzcuinatoyac, pueblo de *Ychcateopa*, dista de *Tlapa* ocho leguas, tiene cuarenta y cinco tributarios casados y viudos.

Guexoapa, estancia de *Ychcateopa*, dista de *Tlapa*, doce leguas, tiene cuarenta tributarios casados y viudos.

Cuauhticpac, estancia de *Ychcateopa*, dista de *Tlapa* cinco leguas, tiene treinta y dos tributarios casados y viudos.

Petlacalantzinco, estancia de *Ychcateopa*, dista de *Tlapa* seis leguas, tiene treinta y cinco tributarios casados y viudos.

Cuauhtzintla, estancia de *Ychcateopa*, dista de *Tlapa* cuatro leguas, tiene treinta tributarios casados ó viudos.

Solteros con tierras en los dichos pueblos, se hallaron tres. Y sin tierras siete.

PETLACALA.

Petlacala, cabecera sujeta á *Tlapa*, dista della tres leguas, tiene cuarenta y nueve tributantes casados y viudos.

Ayutzinapa, pueblo de *Petlacala*, dista de *Tlapa* cinco leguas, tiene deziseis tributantes casados y viudos.

Cacahuatepec, estancia de *Petlacala*, dista de *Tlapa* cinco leguas, tiene veinte y cuatro tributarios casados y viudos.

Petlatzinco, estancia de *Petlacala*, dista de *Tlapa* trece leguas, tiene treinta tributarios casados.

Chicahuaztepec, estancia de *Petlacala*, dista de *Tlapa* cuatro leguas, tiene trece tributarios casados y viudos.

Atoyactzinco, estancia de *Petlacala*, dista de *Tlapa* seis leguas, tiene siete tributarios casados.

Xocotitlan, estancia de *Petlacala*, dista de *Tlapa* cuatro leguas, tiene cuatro moradores tributarios.

Quiauhtepec, estancia de *Petlacala*, dista de *Tlapa* cuatro leguas, tiene veinte y siete tributarios casados.

Quauhchimalco, estancia de *Petlacala*, dista de *Tlapa* cinco leguas, tiene veinte y cuatro tributarios casados.

Solteros con tierras se hallaron cuatro.

Solteros sin tierras se hallaron dos.

CHIPETLAN.

Chipetlan, cabecera sujeta á *Tlapa*, dista della tres leguas, tiene cien tributarios casados y viudos.

Quizayutepec, estancia de *Chipetlan*, dista de *Tlapa* cinco leguas, tiene quince tributarios casados y viudos.

Chicahuaztepec, estancia de *Chipetla*, dista de *Tlapa* cuatro leguas, tiene veinte y nueve tributarios.

Cozcatepec, estancia de *Chipetlan*, dista de *Tlapa* dos leguas, tiene cincuenta y cuatro tributarios.

Zacualpan, estancia de *Chipetlan*, dista de *Tlapa* tres leguas, tiene cuarenta y ocho tributarios casados y viudos.

Yauhtepec, estancia de *Chipetlan*, dista de *Tlapa* cuatro leguas, tiene ocho tributarios casados.

Solteros con tierras se hallaron cuatro, y sin tierras uno solo.

TENANGO.

Tenango, cabecera sujeta á *Tlapa*, dista de ella diez leguas, tiene ciento y catorce tributarios, casados y viudos.

Zapotitlan, estancia de *Tenango*, dista de *Tlapa*, treinta y tres leguas : tiene treinta y siete tributarios casados y viudos.

Atoyatzingo, estancia de *Tenango*, dista de *Tlapa* veinte leguas, tiene cinco tributarios casados.

Coyolingo, estancia de *Tenango*, dista de *Tlapa* deziocho leguas, tiene catorce tributarios casados y viudos.

Ychcatlan, estancia de *Tenango*, dista de *Tlapa* deziocho leguas, tiene treinta y tres tributarios, casados y viudos.

Zoquitipan, estancia de *Tenango*, dista de *Tlapa* quince leguas, tiene nueve tributarios casados.

Quauhpantla, estancia de *Tenango*, dista de *Tlapa* catorce leguas : tiene catorce tributarios casados.

Quauhchiautla, estancia de *Tenango*, dista de *Tlapa* trece leguas, tiene deziseys tributarios casados y viudos.

Solteros con tierras uno solo.

Solteros, sin tierras, que no tributan, dos.

ATZOYOC.

Atzoyoc, cabecera sujeta á *Tlapa*, dista della treinta y cinco leguas, tiene ciento y veinte y nueve tributarios casados y viudos. Esta dicha cabecera con sus estancias las visita Luis Dacuñada, vicario de *Acatlan*.

Ahuacacacualpan, estancia de *Azuyuque*, dista de *Tlapa* treinta y tres leguas, tiene veinte y un tributarios casados y viudos.

Quahuitlcuahuaztitlan, estancia de *Azoyoc*, dista de *Tlapa* treinta y dos leguas, tiene once tributarios casados.

Nantzintla, estancia de *Atzoyoc*, dista de *Tlapa* treinta y siete leguas, tiene siete tributarios.

Tehuaztitlan, estancia de *Atzoyoc*, dista de *Tlapa* treinta y dos : tiene trece tributarios casados y viudos.

Zocatlan, estancia de *Azoyoc*, dista de *Tlapa* treinta y dos leguas, tiene ocho tributarios casados.

Cipatetitlan, estancia de *Atzoyoc*, dista de *Tlapa* treinta y tres leguas : tiene trece tributarios casados.

Xolotlichan, estancia de *Atzoyoc*, dista de *Tlapa* treinta y dos leguas : tiene veinte y seis tributarios casados y viudos.

San Luis, estancia de *Atzoyoc*, dista de *Tlapa* treinta leguas, tiene veinte tributarios casados.

Yzhuatepec, estancia de *Azuyuque*, dista de *Tlapa* veinte y cuatro leguas, tiene once tributarios casados.

Solteros con tierras se hallaron nueve.

Solteros sin tierras sin tierras (*sic*) treinta y ocho.

Esta sola cabecera con estos pueblos, arriba nombrados son los que visita el Padre Acuñada, clérigo vicario de *Acatlan* : las demas estancias se visitan desde este monesterio de *Tlapa*.

TOTOMIXTLAHUACAN.

Totomixtlahuacan, cabecera sujeta á *Tlapa*, dista della quince leguas, tiene ochenta y seis tributarios casados y viudos.

Tlaltzapotlan, estancia de *Totomixtlahuacan*, dista de *Tlapa* veinte y nueve leguas, tiene catorce tributarios casados y viudos.

Tlaxcalixtlahuacan, estancia de *Totomixtlahuacan*, dista de *Tlapa* veinte y dos leguas : tiene cincuénta y cuatro tributarios, casados y viudos.

Pazcala, estancia de *Totomixtlahuacan*, dista de *Tlapa* veinte leguas tiene dezisiete tributarios casados y viudos.

Tenamazapa, estancia de *Totomixtlahuacan*, dista de *Tlapa* quince leguas, tiene cincuenta tributarios casados y viudos.

Tlacoapa, estancia de *Totomixtlahuacan*, dista de *Tlapa* once leguas, tiene ciento y treinta tributarios casados y viudos.

Huaycanxicotla, estancia de *Totomixtlahuacan*, dista de *Tlapa* veinte y siete leguas, tiene treinta y nueve tributarios casados y viudos.

Solteros con tierras cuatro.

Solteros sin tierras treinta.

CUITLAPA.

Cuitlapa, cabecera sujeta á *Tlapa* dista della doce leguas tiene ciento y treinta y tres tributarios casados é viudos.

Zapotitlan, estancia de *Cuitlapa*, dista de *Tlapa* diez leguas, tiene cincuenta y un tributantes casados y viudos.

Huitzaxola, estancia de *Cuitlapa*, dista de *Tlapa* quince leguas, tiene cincuenta tributarios casados y viudos.

Xonacatlan, estancia de *Cuitlapa*, dista de *Tlapa* doce leguas, tiene tres tributarios casados.

Oztotecuantla, estancia de *Cuitlapa*, dista de *Tlapa* doce leguas, tiene quince tributantes casados y viudos.

Potoychan, estancia de *Cuitlapa*, dista de *Tlapa* seis leguas, tiene treinta y ocho tributarios casados y viudos.

Zoyatlanco, estancia de *Cuitlapa*, dista de *Tlapa* tres leguas, tiene once tributarios casados y viudos.

Solteros con tierras que tributan se hallaron en los dichos pueblos y estancias siete.

Solteros, sin tierras, que no tributan, que están debajo del dominio de sus padres, se hallaron deciseis.

En esta dicha provincia de *Tlapa* y sus sujetos hay tres lenguas diferentes : lengua mexicana y *tlapaneca* y *misteca*.

De los mexicanos habrá de confision hasta cuatro mil, pocos más ó menos.

De los *tlapanecos* y *mistecos* se confiesan en la lengua mexicana mil, pocos más ó menos.

Reciben el Santísimo Sacramento veinte y tres personas.

Que es fecho en este dicho pueblo de *Tlapa* á veinte y seis días del mes de Marzo de 1571 Fray Alonso Delgado.

Por fuera : Minuta de los pueblos y tributarios que hay en la provincia de *Tlapa*. Año de 1571.

Memoria del Pueblo de *Tlapa*, de la parte del medio dia. Obispado de *Tlaxcalla*.

EPAZOYUCA.

Jhs. Maria. En el pueblo de *Epazoyuca*, que está en encomienda de Da. Francisca del Rincon, viuda, hay un convento de la orden de S. Agustin, en el cual residen de ordinario cuatro religiosos, y los que al presente en él están son Fr. Nicolas de Perea, prior, hombre docto y antiguo en la tierra y lengua mexicana, y Fr. Melchior de los Reyes, teólogo, que ha leido un curso de artes y teología en España y otros en esta Nueva España : es lengua *otomí* y mexicana ; y Fr. Antonio Desquivel que ha estudiado artes y teología : es lengua mexicana, y los tres dichos administran la doctrina y sacramentos á los indios. Está tambien un religioso de epístola que se llama Fr. Esteban de San Anselmo.

Tiene el dicho pueblo de *Epazoyuca*, en la cabecera, nueve cientos y setenta y nueve tributantes ; y personas de confesión de la lengua mexicana nuevecientas y cincuenta y nueve : y más de la lengua *otomí* mill y sietecientas y setenta y tres.

Tiene en otro pueblo media legua de aquí, que se llama *Oztotlatlauca,* que está en encomienda de la dicha Da. Francisca del Rincón, cuatrocientos y setenta y siete tributantes ; y personas de confesion mexicanos seiscientos y cuarenta y uno ; y de lengua *otomí* cuatrocientos y cuarenta y tres.

Tiene una estancia que se llama *Acxutla,* media legua de aquí : tiene tributantes ciento y noventa : personas de confesión mexicanos cuatrocientos y nueve : y *otomies* ciento y cuarenta y dos.

Tiene más otra estancia que se llama *Tecauapan,* la cual está media legua de aquí ; y esta estancia y la sobredicha llamada *Acxutla* se cuenta en el tributo con *Tecpilpan,* que está en cabeza de S. M. : tiene esta estancia ducientos y diez y nueve tributantes : personas de confesion mexicanos cuarenta y cuatro : *otomies* quinientos y treinta y uno.

Tiene más á cargo de la doctrina el dicho convento un pueblo que se llama *Zinguiluca,* y está en cabeza de S. M. Tiene en la cabecera que está deste pueblo dos leguas, quinientos y sesenta tributantes : personas de confesion mexicanos seiscientos y ochenta y ocho : *otomies* ochocientos, pocos más ó menos.

Tiene otra estancia que se cuenta con *Zinguiluca :* llámase *Tlailutlacan ;* está una legua de aquí, y otra del dicho pueblo de *Zinguiluca,* ciento y noventa y tres tributantes : personas de confesion mexicanos ducientos y cincuenta y cinco : *otomies* ducientos y cuarenta.

Tiene más otra estancia subjeta al dicho pueblo de *Zinguiluca,* llámase *Xalapan :* está media legua de aqui, y legua y media de su cabecera : tiene ciento y noventa y cuatro tributantes ; personas de confesion mexicanos ducientos : *otomies* ducientos y ochenta y dos.

Toda esta gente destas dos lenguas se conflesan cada año y comulgan muchos de los mexicanos y de los *otomies,* y tambien se les administra el sacramento de la extremauncion. Fr. Nicolas de Perea. Fr. Melchior de los Reyes.

CHIAUTLAN.

Relacion verdadera hecha por el P. Prior Fray Bartolomé de la Vera Cruz, fraile agustino, del pueblo y provincia de *Chiauhtlan*, que está en la corona real, de los tributantes vecinos y casados, casas y estancias que tiene toda la provincia hecha á 18 de Hebrero de 1571 años.

Toda la tierra de *Chiauhtlan* y provincia, *scilicet*, cabeceras y estancias, es cálida y enferma, y de tierras peladas : dase poco pan en ella, y lo que se da les tura poco tiempo por el demasiado calor y sabandijas que hay, y ansi S. M. les tiene comutado el maiz en dinero. No tiene montes ni montañas : rios pocos y de poco provecho por sus honduras y quebradas por do corren, aunque á las riberas y laderas hay estancias. Granjerías hay pocas, si no es sal, y de esta caresce el comun y *maceguales*, porque es toda la sal de los principales : es gente pobre y miserable toda en comun, y cada dia va á menos la provincia, por ser tierra enferma y de calor, y darse en ella poco pan.

La cabecera se dice *Chiauhtlan* : está en medio de la provincia, do está un monesterio de frailes ermitaños del Señor Sancto Augustin, medio hecho. No tiene iglesia, sino una capillita de paja. Residen en él á la continua cuatro frailes, y á las veces más, y al presente están tres sacerdotes y un hermano, *scilicet*, el P. Prior dicho, y el P. Fr. Augustin de Palenzuela, y el P. Fr. Baltasar de la Anunciacion, y el hermano Fr. Juan. Y todos tres sacerdotes han estudiado teología, son lenguas antiguas mexicanas, y confesores y predicadores de los indios y españoles, y el P. Fr. Baltasar sabe dos lenguas, mexicana y de *Mechuacan*.

Está de la cabecera de *Chiauhtlan*, *Chietlan*, pueblo de S. M. cinco leguas, do hay frailes augustinos, y por otro cabo ocho leguas monesterio de frailes augustinos, y por el demas circuito hay á doce y á catorçe leguas tres clérigos en pueblos, *scilicet*, *Piaztlan*, *Teotlaco*, *Quauhmochtillan*.

La cabecera do está el monesterio dicho iglesia Sancto Augustin, esta cabecera es distrito de las estancias que están lejos, y con ella se cuentan treinta y cuatro barrios ó caseríos ó estancillas que están junto al monesterio, y dellas lejos, y dellas tienen á veinte y treinta y á diez y á quince, y á más y á menos casas ó vecinos y tributantes y casados, que se ha de entender y entiende un hombre y una mujer, que es un casado ó un tributante ó un vecino; y en todas ellas y cabecera hay casados y tributantes trescientos y veinte y nueve pares   329

Hay viudos y viudas que tambien tributan ciento y noventa y nueve personas, que pareados dos hacen un tributante ó un vecino, que pareados para el tributo son   100

Hay mas siete ciegos y enfermos que tambien tributan, que pareados son.............................   3

Este es el modo de proceder que llevan y llevarán las demas estancias que son subjetas á *Chiauhtlan* su cabecera, y aqui no se ponen los mozos y mozas, chicos y grandes, que ayuden á sus padres, solteros y que están aun debajo de su dominio y imperio.

Pónese al cabo los que se han casado en toda la provincia de *Chaiuhtlan* despues de la cuenta, que dellos tributan y dellos ayudan á sus padres, y están, aunque casados, debajo de su dominio y con ellos en sus casas, y sirven en el comun trabajo, y suplen el tributo de viejos y enfermos, y el número se porná abajo como digo.

Tiene este pueblo de *Chiauhtlan* diez y seis estancias, y estas tienen en sí y encorporadas en sí otras estancillas chicas ó barrios ó caserías á si subjetas, y todas las mas tienen iglesias, aunque chicas; y por chica que sea la estancia, aunque sea de diez casas ó vecinos, como la hay, tiene su iglesia, mandon ó principal, justicia y alguacil, y hacen cada una por sí cabeza en todo. Lleva cada estancia en el proceder el modo y manera de la cabecera para mas claridad.

Primera estancia subjeta á *Chiauhtlan* se dice *Huehuetlan*, iglesia San Martin, está dos leguas de la cabecera: tiene en sí cuatro barrios, y en ellos y en ella hay casados ó vecinos ó tributantes ciento diez........ 110

Tiene viudos y viudas cuarenta, y tres ciegos, que pareados para el tributo son...................... 21

Segunda estancia subjecta á *Chiauhtlan* se dice *Patoalan*, iglesia de S. Mateo, está cinco leguas de la cabecera, tiene en sí y se cuentan con ellas dos estancillas, y todas ellas tres tienen casados ó vecinos setenta y uno.................................... 71

Tienen viudos y viudas treinta y ocho personas, pareados para el tributo son...................... 19

Segunda estancia *Tzicatlan*. Tercera *Yancaxocuixco*.

Tercera estancia subjecta á *Chiauhtlan* se dice *Tzontehuitzco*, iglesia S. Juan Bautista : está de la cabecera cinco leguas : tiene en sí y se cuentan con ella cinco estancillas, y en todas seis hay casados ó vecinos ciento y treinta y siete.............................. 137

Tienen viudos y viudas y ciegos en todas seis, cuarenta y tres personas pareados para el tributo son.... 21

Segunda estancia *Tlatzinco*. Tercera, *Tlancualpican*. Cuarta, *Nanacatepec*. Quinta, *Cuixtlan*. Sexta, *Xipotlan*.

Cuarta estancia subjecta á *Chiauhtlan* se dice *Atzinco*, iglesia S. Pedro, está de la cabecera cinco leguas : tiene en si y se cuentan con ella cinco estancillas, y en todas seis tienen casados ó tributantes ciento y dos.. 102

Tienen viudos y viudas cincuenta y tres que apareados para el tributo son............................ 26

Segunda estancia, *Quayahualco*. Tercera, *Teopantlan*. Cuarta, *Huexotzinco*. Quinta, *Tlamayotzinco*.

Quinta estancia subjeta á *Chiauhtlan* se dice *Voyotzinco*, iglesia S. Juan Bautista, está de la cabecera siete leguas, tiene en sí y subjectas á sí dos estancillas, y todas tres tienen casados ó vecinos, noventa y dos.... 92

Tienen viudos y viudas todas cuarenta y cuatro personas que pareadas son.......................... 22

Segunda estancia, *Ahuatempan*. Tercera, *Ayoxochtlan*.

Sexta estancia subjecta á *Chiauhtlan* se dice *Tzo-*

matlac, iglesia S. Pedro, está de la cabecera seis leguas, tiene en si subjectas cuatro estancillas, y todas cinco tienen casados ó vecinos tributantes ochenta y nueve 89

Tienen viudos y viudas treinta y ocho personas, pareadas para el tributo son...................... 19

Segunda estancia, *Tzinteocalan*. Tercera, *Telecomac*. Cuarta, *Telecomoco*. Quinta, *Xuchimicaltzinco*.

Séptima estancia subjecta á *Chiauhtlan* se dice *Cuetzallan*, tiene iglesia Sancta María, está de la cabecera siete leguas, tiene en sí y á sí subjectas dos estancillas, y todas tres tienen casados ó tributantes doscientos y diez y seis............................ 216

Tienen viudos y viudas todas ciento y cuatro personas, pareados para el tributo son.................. 52

Segunda estancia, *Quimichtepec*. Tercera, *Mamatlallan*.

Octava estancia subjecta á *Chiauhtlan* se dice *Amillatlacan*, iglesia S. Pablo, está diez leguas de la cabecera, tiene en sí y á sí subjectas dos estancillas, y todas tres tienen casados ó tributantes, ciento y sesenta y cinco 165

Tienen viudos y viudas sesenta y nueve personas pareados para el tributo........................... 34

Segunda estancia, *Huehuecatzinco*. Tercera, *Tlalquetzalapan*.

Novena estancia subjecta á *Chiauhtlan* se dice *Chiquihtepec*, iglesia S. Martin, está de la cabecera cinco leguas, tiene en sí y subjectas á sí dos estancillas, y todas tres tienen casados ó tributantes ochenta y cinco 85

Tiene viudos y viudas sesenta y tres personas pareadas para el tributo................................ 31

Segunda estancia, *Acatelpilcayan*. Tercera, *Otlitemic*, S. Francisco.

Décima estancia subjecta á *Chiauhtlan* se dice *Tepuztlan*, iglesia S. Miguel, está ocho leguas de la cabecera. tiene en sí y subjectas á sí tres estancias, y todas cuatro tienen casados ó tributantes, ciento y diez y seis...... 116

Segunda estancia, *Piltzinteco*. Tercera, *Eecatetlan*.
Cuarta, *Quauhcalco*.

Tienen viudos y viudas todas cincuenta y dos personas 26

Undécima estancia subjecta á *Chiauhtlan* se dice
Chillan, iglesia Santiago, está seis leguas de la cabecera, tiene en sí y subjectas á sí dos estancillas, y todas
tres tienen casados ó tributantes ochenta y dos 82

Tienen viudos y viudas treinta y nueve, que pareados son... 19

Segunda estancia, *Tecolotlan?* Tercera, *Toltzinco*.

Duodécima estancia subjecta á *Chiauhtlan* se dice
Ocotlan, iglesia S. Pablo, está de la cabecera seis leguas, tiene en sí y subjecta á sí tres estancillas, tiene
casados ó tributantes ciento y veinte y tres.......... 123

Tiene viudos y viudas cuarenta y cuatro personas
pareados.

Segunda estancia, *Amaxac*. Tercera, *Quaulotlan*.
Cuarta, *Tzontecomapan*.

Décimatercia estancia subjecta á *Chiauhtlan* se dice
Quauhchicatlan, iglesia S. Martin, está de la cabecera
cuatro leguas, tiene en sí y subjectas á sí cuatro estancillas, y todas cinco tienen casados ó tributantes ó vecinos ciento y treinta y tres...................... 133

Tienen viudos y viudas cuarenta y seis personas
pareadas para el tributo......................... 23

Segunda estancia. *Nahuitocheo*. Tercera, *Chitotlan*.
Cuarta, *Acatlan*.

Décimacuarta estancia subjecta á *Chiauhtlan* se dice
Ichcamilpan, iglesia Santa Catelina, está diez leguas
de la cabecera : tiene en sí cuatro estancillas, y todas
ellas tienen casados ó vecinos ciento y cuarenta y
cuatro 144

Tienen viudos y viudas todas ellas sesenta y cinco
personas pareadas.................................. 32

Segunda estancia, *Amatlan*. Tercera, *Tzontentlan*.
Cuarta, *Xuchitontlan*. Quinta, *Xipila*.

Décimaquinta estancia subjecta á *Chiauhtlan* se dice

Xicotlan, iglesia San Juan Baptista, está nueve leguas de la cabecera, tiene en sí y subjectas á sí dos estancillas, y todas tres tienen casados ó vecinos ochenta y seis 86

Tienen viudos y viudas treinta y dos personas, pareadas son.. 16

Segunda estancia, *Tzontecomapan*. Tercera, *Totolapan*.

Décimasexta estancia subjeta á *Chautlan* se dice *Acaixtlahuacan*, iglesia Santiago, está diez leguas de la cabecera, tiene en sí subjecta cuatro estancillas y todas tienen casados ó vecinos ciento y veinte y seis 126

Tienen viudos y viudas todas cincuenta y cuatro personas pareadas.. 27

Segunda estancia, *Acatepec*. Tercera, *Huahuaztlan*. Cuarta, *Toltecamillan*.

Suma. Estas son las estancias y pueblo de la provincia de *Chiauhtlan* y sumadas todas las estancias y cabecera y toda la provincia de *Chiauhtlan* como paresce claro hay en toda la provincia pares ó casados ó vecinos ó tributantes, que se entiende un hombre con su mujer, que es un tributante ó vecino ó casa, dos mil y ciento y noventa tributantes ó vecinos.............. 2.190

Hay ultra y tienen viudos y viudas en toda la provincia *scilicet* cabecera y diez y seis estancias y estancillas ó barrios novecientas y noventa y ocho personas, que pareados para el tributo son.................... 499

Hay ultra mozos y mozas casados que aun están debajo del dominio de sus padres y que aun no tienen casas por sí, y que se han casado despues que se contaron la postrera vez segun paresce por sus memorias, ciento y cinco.. 105

. Hay ciegos y enfermos que dan tributo en toda la provincia cuarenta y cuatro personas que pareados para el tributo son.. 22

De manera que hay tributantes en toda la provincia y pueblo de *Chiautlan*.. 2.816

Hay estancias y estancillas, chicas y grandes, en toda la provincia de *Chiautlan* cincuenta y siete.

Hay iglesias en toda la provincia de *Chiautlan* cincuenta y cinco.

Digo yo Fr. Bartolome de la Vera Cruz, prior al presente en este monesterio de nuestro padre Sancto Augustin de la provincia y pueblo de *Chiautlan*, que esta relacion y cuenta contiene en sí toda verdad, como quien lo ha andado y visto todo muchas veces, y digo que habrá poco mas de dos años que se contó toda la provincia, y despues acá que se contaron se han muerto, y yo los más enterrado, como paresce por las memorias, cuatrocientas y sesenta y siete personas que tributaban, sin la gente menuda.

Y huidos y idos por hambre á mejor tierra, ciento y cuarenta y ocho personas tributantes ; y digo y afirmo que tienen necesidad grande de ser ayudados y relevados, porque se van acabando poco á poco, como se ve claro en toda la provincia cada día.

Confesáronse en la provincia toda de *Chiautlan* el mes de Marzo y Abril del año de mil y quinientos y setenta, por los dichos tres sacerdotes confesores cinco mil y ochocientas y cuarenta y siete personas de todos estados y edades ; y cuando esta relación se hizo andábamos confesando la provincia. Y en fé de ser verdad todo lo sobredicho, lo firmé de mi nombre ; fecha ut supra. *Fray Bartolome de la Veracruz.*

En el sobre : Relacion de la provincia y pueblo de *Chiauh-tlan* do están frailes agustinos. De las estancias, pueblo gente, tributantes. Hecha á 18 de Hebrero de 1571 años.

JONACATEPEC.

Relacion de los pueblos que acuden á la dotrina al monasterio de *Jonacatepec* y son visita de los religiosos que en él moran, y son de la orden de Santo Agustin.

La cabecera donde el monasterio está hecho ya, y muy bien edificado, se llama *Xonacatepec*, y tiene mil y doscientas personas de confesion.

A coarto de legua tiene una estancia que se llama *Amacui-tlapilco*, y tiene doscientas y cincuenta personas de confesion.

A una legoa del monasterio dicho hay otra estancia que se llama *Chalcacingo*, y tiene cuatrocientas y noventa y siete personas de confesion.

A dos legoas del dicho monasterio hay otra estancia que se dice *Tetela*, y tiene trescientas y setenta y tres personas de confesion.

A tres legoas del dicho monasterio hay otra estancia que se dice *Tetliztaca*, y tiene doscientas y setenta y siete personas de confesion.

A tres legoas y media del dicho monasterio hay otra estancia que se dice *Atlicaoaloya*, y tiene ciento y sesenta y cuatro personas de confesion.

A cuatro legoas del dicho monasterio hay otra estancia que se dice *Aoxuchapa*, y tiene doscientas y veinte y ocho personas de confesion.

A tres legoas y media del dicho monasterio hay otra estancia que se dice *Teuhamac*, y tiene ciento y sesenta y siete personas de confesion.

A dos legoas del dicho monasterio hay otro pueblo que se dice *Tecpancingo*, y tiene seiscientas y sesenta y tres personas de confesion.

A una legoa del dicho monasterio hay otra estancia que se dice *Atotonilco*, y tiene trescientas y coarenta y seis personas de confesion. Y todas estas estancias participan de calor y templado, y es buena tierra.

Hay en el dicho monasterio dos religiosos buenas lengoas que los administran á los dichos pueblos todos los misterios de nuestra santa fe católica, y predican y confiesan y visitan ordinariamente y con tal cuidado, que todos los domingos y fiestas sale uno de los dos religiosos fuera á las estancias, y andan por todas ellas siempre por su orden como cabe á cada una. El prior de la dicha casa se llama Fr. Joan Cruzat : el compañero suyo se llama Fr. Agustin de los Ángeles. Fecha en el dicho pueblo de *Xonacatepec* en 29 de Marzo del año 1571.- *Fray Juan Cruzat, prior.*

En el sobre : Relacion del monasterio de *Xonacatepec* de la orden de nuestro Padre Santo Agustin.

YACAPICHTLAN.

En el pueblo é villa de *Yacapichtlan*, que está en encomienda del Marques del Valle, é dista de la cibdad de México catorce ó quince leguas á la parte de medio dia, tenemos un monasterio de la orden de nuestro gloriosísimo padre Sancto Augustin en el cual residen ordinariamente cuatro religiosos diputados para la administracion de los sanctos sacramentos é para la dotrina é instruccion de los indios naturales. El prior del dicho convento se llama Fr. Pedro *de Medellin* : es teólogo y predicador y confesor, así de los españoles como de los naturales. El segundo religioso se llama Fr. Juan de Badajoz : es confesor de los indios. El tercero se dice Fr. Simon Morante, confesor y predicador asimismo de los indios. El cuarto se llama Fr. Joan de San Martin, diácono y coadjutor de los dichos ministros en la predicacion del santo Evangelio, en el cual ministerio se tiene todo cuidado é vigilancia porque esta gente nueva en la fe venga en conocimiento de su Criador y Redemptor. Conflésanse cada año los vecinos de este pueblo, que serán por todos ocho mill ánimas, poco más ó menos. Comúlganse seiscientas personas con grande espíritu y devocion : adminístraseles á muchos dellos en el artículo de la muerte la Sancta Eucaristía y viático, y ansimismo la Extremauncion.

Hay en este pueblo y villa que hemos dicho trece visitas y aldeas, sin la cabecera principal, la cual junto al monesterio en contorno tiene mill é cincuenta y dos vecinos tributantes, divididos en siete barrios y parroquias. La vocacion de esta iglesia es el glorioso Precursor y adelantado del Señor S. Joan Baptista.

En la primera visita, que se llama *Epatzulco*, se hallan cuatrocientos y once tributantes : está una legua de la cabecera y pueblo de *Yacapichtlan*, á la parte del occidente : su vocacion es la Asumpcion de Nuestra Señora.

La segunda estancia se llama *Atlamilulco :* está otra legua de la cabecera á la parte del occidente : tiene ochenta y nueve tributantes : la vocacion de su iglesia es Sancto Tomas Apostol.

La tercera estancia se llama *Ecatepec* : está tres cuartos de legua de la cabecera á la parte del medio dia, tiene ciento y treinta y seis tributantes : la vocacion de su iglesia es S. Miguel.

La cuarta estancia es dicha *Zacatepec* : está legua y media de la cabecera á la parte del medio dia : tiene cuarenta y ocho tributantes : su vocacion es S. Guillermo.

La quinta se llama *Calalpa* : está legua y media de la cabecera á la parte del medio dia : tiene ciento y ochenta tributantes : su vocacion es S. Esteban.

La sexta visita se llama *Tetlecuilucan* : está á la parte del medio dia : está de la cabecera legua y media : tiene ciento y cuarenta y dos tributantes : la vocacion de su iglesia es la Conversion de S. Pablo.

La séptima se llama *Tecaxic* : está tres leguas de la cabecera hacia la parte de oriente : tiene doscientos y sesenta y cuatro tributantes : su vocacion es S. Nicolas de Tolentino.

La octava es dicha *Quatotolco*, está dos leguas de la cabecera á la parte del oriente : tiene veintiun tributantes : su vocacion es S. Miguel.

La nona estancia es *Zauatlan*, está dos leguas de la cabecera á la parte del mediodia, tiene ciento y cincuenta y un tributantes ; su vocacion es S. Martin.

La décima se dice *Suchitlan* : está una legua de la cabecera á la parte del Septentrion : tiene doscientos y sesenta tributantes : su vocacion es S. Augustin.

La oncena estancia es dicha *Texcala*, está dos leguas de la cabecera á la parte del septentrion : tiene doscientos y setenta tributantes : su vocacion es S. Francisco.

La duodécima estancia se nombra *Achichipico* : está de la cabecera dos leguas á la parte del norte : tiene ciento y veinte tributantes : la vocacion de la iglesia es S. Sebastian.

La trecena estancia es *Ayapango*, á la parte del septentrion : está una legua de la cabecera : tiene setenta tributantes : su vocacion es los Reyes.

De suerte que montarán todos los dichos vecinos tres mill y ciento y veinticinco tributantes con viudos y viudas. Es la gente humilde, amigos de nuestra fe y de la doctrina cristiana quitados de todas idolatrías y supersticiones antiguas, que cuasi ya no hay entre ellos memoria de aquellos ritos pasados y observancias vanas que solian solemnizar en el tiempo de infidelidad. Es tierra fértil, apacible y templada : declina más á cálida que á fria. Está este pueblo plantado en la halda y vertientes de aquel altísimo monte que dicen volcan. Dánse en esta tierra todas las frutas de España, higos, membrillos, granadas, manzanas, duraznos, peras, naranjas, y otros muchos géneros de cosas que seria largo de contar. Danse muchas semillas, trigo, maiz, garbanzos, habas y otras legumbres, asi de Castilla como de la tierra, que es grande ayuda á los naturales para se alimentar. De aquesto damos fe los sobredichos religiosos, prior y conventuales que al presente padescemos este destierro y legacion por Cristo Nuestro Señor y por el bien de aquestos infieles. Fecho á primero de Abril de 1571 años. Fr. Pedro de Medellin. Fr. Joan De Badajoz. Fr. Simon Morante. Fr. Juan de San Martin.

En el sobre : Memoria de *Acapistla*, á la parte de mediodia-Arzobispado. Tributantes del pueblo de *Yacapichtlan*.

TLAYACAPA.

Descripcion del pueblo de *Tlayacapa* y sus estancias, y la gente que tiene, y los religiosos que la dotrinan, de la orden del glorioso Sant Agustin.

El pueblo de *Tlayacapa* está de México once leguas al medio dia : es de S. M. : tiene mill y quinientos y ocho tributarios : tiene un monesterio de la orden del glorioso Sant Agustin, en el cual residen tres religiosos, de los cuales el prior y otro son lenguas : el prior es confesor y pedricador despañoles y de los indios : el otro religioso es confesor de indios.

Item tiene de confesion tres mill y cuatrocientas y sesenta y dos almas, entre las cuales entran muchachos y muchachas de doce á catorce años, y esto consta por los padrones que yo

Fr. Juan Cimbron, prior del dicho monesterio, tengo para las confesiones.

Item tiene trece estancias, las cuales están á legua y á media legua de la cabecera, con la gente de las cuales son por todos los mill quinientos y ocho tributarios, y las tres mill y cuatrocientas y sesenta y dos almas de confesion.

La primera estancia se dice *Xocoyacan* : tiene la vocacion de los tres Reyes : dista de la cabecera una legua al oriente.

La segunda se dice *Teapoyucan* : tiene la vocacion de Sant Lucas : dista de la cabecera tres cuartos de legua al oriente.

. La tercera se dice *Atepexic* : tiene la vocacion de la Asuncion de Ntra. Sra. : dista de la cabecera poco mas de media legua al oriente.

La cuarta se dice *Atlteapotitlan* : tiene la vocacion de Sant Gregorio : dista de la cabecera una legua al oriente.

La quinta se dice *Nonoxala* : tiene la vocacion de Sant Andres : dista de la cabecera poco mas de media legua hacia el norte.

La sexta se dice *Texoacan* : tiene la vocacion de Sant Pablo, dista de la cabecera tres cuartos de legua al norte.

La sétima se dice *Atocpa* : tiene la vocacion de Sant Agustin : dista de la cabecera media legua al norte.

La octava se dice *Tlaljuacpan* : tiene la vocacion de Sant Márcos : dista de la cabecera poco mas de media legua al norte.

La novena se dice ·*Cuitlapilco*, tiene la vocacion de Sant Pedro : dista de la cabecera poco mas de media legua al norte.

La décima se dice *Texinacanco* : tiene la vocacion de Santa Mónica : dista de la cabecera tres cuartos de legua al norte.

La once se dice *Inquitepec* : tiene la vocacion de Sant Joseph : dista de la cabecera tres cuartos de legua al norte.

La once se dice *Texozoco* : tiene la vocacion de Sant Francisco : dista de la cabecera media legua al norte.

La trece se dice *Zacatiliuncan* : tiene la vocacion de Santa Catalina : dista de la cabecera una legua al mediodia. -Fr. Juan Zimbron.

·En el sobre : *Tlayacapan*, á la parte del medio dia. Arzobispado.

PUEBLA DE LOS ÁNGELES.

En la ciudad de los Ángeles tenemos un monesterio de la orden de nuestro glorioso P. S. Agustin : suele comunmente haber en él veinte religiosos ; el cual convento está señalado por collegio donde siempre se lean Artes ó Teología, y al presente no hay estudio en él, por no estar aun la casa acabada, y por estar muy pobre.

Es al presente prior del dicho convento el P. Fr. Joan de Mora, teólogo y muy antiguo predicador ; están, sin él, otros dos teólogos predicadores y confesores, donde comunmente los dias de fiesta hay sermones. Recíbense y crianse novicios en este monesterio, porque se guarda la observancia y regla de nuestra religion como en México, á causa de haber siempre en ella muchos religiosos.

Hay ademas de los dichos en esta casa y convento comunmente dos lenguas mexicanas, los cuales son ministros de los naturales que aquella casa tiene á su cargo, los cuales son los vecinos de un barrio que llaman de *Chulula* ó de S. Sebastian, los cuales seran como quinientos ó seiscientos tributantes, pocos más ó menos : á estos se les administran los sacramentos con el cuidado y devocion posible : tienen en la mesma casa su iglesia, distinta de la de los españoles, donde los dias de fiesta se les dice misa y se les predica el Evangelio conflésanse todos cada año, y comulgan cuasi todos, y reciben la extremauncion.

Vienen asimesmo algunas veces indios de pueblos comarcanos á pedirnos y rogarnos con instancia les vamos á decir misa y á confesar : algunas veces, y movidos por caridad les ayudamos en cuanto nos piden. Podriamos tener á cargo algun pueblo ó pueblos de los que estuvieren cerca y tuvieren necesidad de doctrina, porque no tenemos obligacion sino es al barrio sobre dicho de *Cholula*, para lo cual hay siempre dos lenguas y ministros ; y fuera de estos hay comunmente en este dicho monasterio otros religiosos ministros y lenguas, que habiendo donde, podrian visitar, decir misa y predicar, y ni mas ni menos ejercitar los demas sacramentos, ni mas ni menos que á los demas. Fray Juan de Mora.

En el sobre : Memoria del monesterio de N. P. S. Augustin de la Puebla de los Ángeles, á la banda del oriente. *Tlaxcala*

SAN FELIPE.

Relacion de la Villa y Monesterio de S. Felipe.

En la villa de S. Felipe, que está cincuenta leguas de México al poniente, camino de los *Zacatecas*, y en el riñon de los *Chichimecas*, hay un monesterio de la orden de N. P. S. Augustin, donde residen tres religiosos : el uno es el padre prior que se llama Fr. Gregorio de Sancta Maria, teólogo, predicador y confesor de españoles.

Los españoles vecinos de esta villa serán hasta treinta ; mas es mucha la multitud de gente que por alli pasa á las minas dél poniente, y se encuentran las flotas de carros y carretas y llegan y paran muchas veces á tiempo que oyen la palabra de Dios, y se les administran los sacramentos.

Hay en esta villa algunos indios casados de la provincia de *Mechoacan* que viven en su cuartel por sí apartados de los españoles, de los cuales y de los criados de los españoles y de sus negros el padre prior tiene particular cuidado.

Visita, predica y doctrina á los *chichimecas* por *nahuatatos*, con gran riesgo de su vida : no son pueblos puestos en policía y concierto los que tiene á cargo, sino naciones, provincias y gentes diversas y silvestres, los cuales, aunque con inmenso trabajo, se vienen subjetando al servicio de Dios y del rey.

Está asentada esta villa con el monesterio en lo último de los *chichimecas vamares*, y á la entrada y frontera de los *vachichiles*, cuya provincia corre al norte y aquilon, que no se sabe su fin, y está en el paraje de los *cupuses*, *vaxabanes*, *vascanes*, *samones* y *salzas* cuya derrota de estas naciones es la vuelta de *Panuco* al oriente ; y á todas estas gentes procura el padre prior se les dé asiento para los poder doctrinar.

Todos estos indios, con los *vamares*, cuya provincia corre desta villa á *Mechoacan*, al mediodia, han sido muy malos vecinos á los españoles por los grandes destrozos que en sus haciendas han hecho en sus estancias, ganados y mercaderias. en los criados, negros, indios, mulatos, mestizos, y en los

mesmos españoles, en la pacificacion de todo lo cual entiende
el dicho padre prior.

El otro religioso, que se llama Fr. Guillermo de Sancta
Maria, ayuda en esto al dicho padre prior, porque es predicador y confesor de los indios de *Mechuacan*, y sabe su lengua, y tiene indios *chichimecas* que saben la lengua *tarasca*,
con quien se entiende y doctrina á los demas, y los trae á
servicio de Dios y del rey, de treinta y cuarenta leguas ó mas :
y deprenderia la lengua de los *vachichiles*, que es mas general,
si se les diese el asiento necesario, y se andaria con ellos,
porque ha veintidos años que á temporadas trata con estas
gentes, aunque algunas veces con gran peligro de la vida, y
sabe ya como se han de tratar y llevar.

Y se anda con ellos solo, y le llevan á sus rancherias y
vuelven á la villa, y venian tan seguros á ver á los padres, y
tan frequenter, que ya no se curaban de arco ni flecha, por lo
cual de ocho personas nos mataron un dia los siete, una legua
de la Villa, y escapóse el *nauatato* D. Domingo, hijo de D. Juan
Xali, que trujo la nueva, y murió un D. Miguel, señor de aquella
tierra, con otros cuatro principales, y á todos siete los trujimos
al dia siguiente en una carreta. Cient indios ó mas de su mesma nacion embijados los aguardaron en el camino donde los
mataron, porque eran amigos de españoles, y cristianos ; de
manera que este religioso aprovecharia por su parte mucho,
si de parte de S. M. se les diese todo favor y crédito.

El otro religioso que se dice Fr. Rodrigo Hernandez, tiene
particular aficion á estos indios : válos á visitar, y danle sus
hijos para que los enseñe la doctrina, y enseña en pública
escuela á ler, escrebir y latin á los hijos de los españoles y
á cuantos ya hombres se le llegan de secreto, de manera que
este religioso es muy provechoso á los indios *chichimecas* y
españoles ; y seria mucho mas si la tierra estuviese de paz,
que los *chichimecas* impiden muy grandes obras ; y no está
la falta tanto en ellos, que dóciles son, como parece por expe-
riencia, cuanto en el poco caso que de ellos se hace. Ya ellos
han hecho lo que segun su capacidad es en sí en demandar
por muchas veces y con grandes importunaciones, que los
vamos á visitar y doctrinar y poblar, como lo hacian los reli-

giosos dichos, y para el efecto está alli aquel religioso Fr. Guillermo que se ha ocupado veintidos años en hacer poblaciones de *tarascos* y *chichimecas* en servicio de Dios y del rey, y á los *vachichiles* de S. Philipe les habia trazado las calles en el pueblo ó sitio que dicen de S. Francisco, y los *cupuxes* y *vaxavanes* le importunaban por lo mismo, y los *vamares*. Resta que S. M. dé á los indios todo favor y seguridad. Fr. Gregorio de Sancta Maria, prior.

En el sobre : Memoria del pueblo de S. Philipe, de la parte de poniente. Obispado de *Mechoacan*.

TACÁMBARO.

Memoria de la gente que hay en el pueblo de *Tacámbaro*, de la provincia de *Michuacan*, que está en encomienda de Hernan Perez de Oñate, por el padron de confesion que se hizo por el mes de hebrero deste año de 1571, en el cual dicho pueblo hay un monesterio de la orden de nuestro glorioso padre Santo Augustin, y en él están al presente dos religiosos, el prior Fr. Sebastian de Trasierra, y Fr. Diego de Muxica, entrambos lenguas de la dicha provincia de *Michuacan*, y confiesan y predican á los indios.

Viudos y viudas.		Casados.
79	En la cabecera, que se llama *Tacámbaro*, donde está el monesterio, hay doscientos y noventa y siete casados, y setenta y nueve viudos y viudas........	297
19	En *Xanohuaten*, cuya iglesia es Sant Miguel, que está de la cabecera un buen tiro de arcabuz, hay setenta y cuatro casados y diez y nueve viudos....	74
5	En *Tirerachao*, cuya iglesia es Sta. Paula, que estará de la cabecera un buen cuarto de legua, hay veintiun casados y cinco viudos.................	21
13	En *Tarependan*, cuya iglesia es Santa Cruz, que estará de la cabecera media legua, hay cuarenta y cuatro casados y trece viudos...................	44
18	En *Pacaneo*, cuya iglesia es Santo Augustin, que estará de la cabecera una legua pequeña, hay setenta y cuatro casados y diez y ocho viudos.........	74

22   En *Irapeo*, cuya iglesia es Sant Nicolas, que estará de la cabecera una buena legua tirada, ha setenta casados y veintidos viudos...................... 70

2   En *Xanamoro*, cuya iglesia es Santiago, que estará de la cabecera dos leguas, hay once casados y dos viudos 11

7   En *Pucundaro*, cuya iglesia es Sant Pablo, que estará de la cabecera legua y media, hay diez y seis casados y siete viudos y viudas................. 16

    En *Intziquareo*, cuya iglesia es Sant Francisco, que estará dos leguas y media de la cabecera hay cinco casados.................................. 5

7   En *Chereo*, cuya iglesia es San Juan Evangelista, que estará de la cabecera una legua, hay treinta y tres casados y siete viudos...................... 33

1   En *Puquiytsimao*, cuya iglesia es S. Juan Bautista, que estará de la cabecera dos leguas, hay cuatro casados y un viudo........................ 4

1   En *Caraseo*, cuya iglesia es S. Guillermo, que estará de la cabecera dos leguas, hay diez casados y un viudo 10

5   En *Hacaten*, cuya iglesia es la Natividad de Nuestra Señora, que estará de la cabecera cuatro leguas de muy mal camino, cuestas, sierras y quebradas, hay treinta y un casados y cinco viudos......... 31

1   En *Cahuasangatzicu*, cuya iglesia es Sant Simpliciano, que estará de la cabecera seis leguas y media y aun siete de malísimo camino, de sierras altísimas y despeñaderos, que pone espanto subillas y bajallas, finalmente él es buen camino para pájaros, hay once casados y un viudo ; y adonde estos pocos indios están no es tierra de provecho, ni tienen donde sembrar ; solamente se están alli por vivir á su contento, y que nadie tenga cuenta con ellos ni les vea si son cristianos ni cómo viven........... 11

12   En *Etureo*, cuya iglesia es Santa Mónica, que estará de la cabecera nueve leguas buenas y aun diez de malísimo camino, sierras, quebradas y despeña-

deros, como las que quedan dichas en ese otro pueblo, hay cuarenta y tres casados, y doce viudos y viudas ; y el asiento donde están es tierra estéril por ser peñas, y el agua que tienen donde sembrar : huelgan de estarse allí por la mesma causa que los otros 43

11   En *Harando*, cuya iglesia es Sant Felipe, que estará cinco leguas de la cabecera, hay cincuenta y seis casados, y once viudos y viudas.............. 56

203   Suman todos, ochocientos casados, y doscientos 800 y tres viudos y viudas, como parece por las sumas de 56 fuera ; de los cuales se sacan cincuenta y seis personas que no pagan tributo por ser muy viejos, enfermos, tullidos, contrechos y ciegos, y asi quedan ciento y cuarenta y siete viudos y viudas.

147

Van aquí contados el gobernador y principales, que todos dan tributo, y algunos bien necesitados, y el pueblo está tasado en novecientos y cinco pesos y tantos tomines que dan á su encomendero, los cuales se ven en gran aprieto para haberlos de cumplir, y los ponen de las sobras de la comunidad, y el maiz no tienen remedio de cumplirlo sino echando derrama de nuevo, porque les faltan mas de treinta tributantes, que se han muerto muchos, y como cada uno da su media hanega, vienen á faltar todas las de los muertos ; y no osan pedir cuenta, por las muchas costas que les hacen los jueces, escribanos é intérpretes que invian á contarlos ; lo cual es necesario remediar, y que se tenga mucha cuenta con los naturales, porque muchos de ellos andan de aquí para allí barloventeando de una parte á otra, sin hacer asiento en ningun pueblo, de lo cual se ofende mucho Dios Nuestro Señor, y es en gran perjuicio de sus ánimas, porque andando de esta manera no se puede tener cuenta con su cristiandad, ni saben lo necesario á su salvacion : y allende de esto hay otro daño, que los tales, que son muchos, no pagan tributo ni en una parte ni en otra, porque cuando recogen los principales el tributo vánse á otro pueblo, y cuando en aquel piden el tributo vánse á otro, y así se andan hechos holgazanes revolviendo pueblos, y no hay remedio de que trabajen si S. M. no lo remedia, mandando que vivan en el pueblo donde los cuentan, y que se averigue que hacen los extrangeros fuera de sus pueblos y de qué viven, y que cuando salieren de sus casas á buscar su vida no lleven las mujeres ni los hijos consigo, sino que residan en sus pueblos y tengan sus sementoras y paguen su tributo, y desta manera ni los principales se veran en aprieto para haber de cumplir su tributo, y ellos viendo que les andan en el alcance y tienen cuenta con ellos harán lo que deben, y Dios Nuestro Señor será dello servido y no habrá tantas ofensas de su Divina Magestad, ni habrá revueltas ni pleitos en los pueblos. Fr. Sebastian de Trasierra. En el sobre : Memoria del pueblo de *Tacámbaro*, de la provincia de *Mechuacan*, de la parte del poniente. -Obispado de *Mechuacan*

TIRIPITIO.

Memoria del pueblo de *Tiripitio* en la provincia de *Mechuacan*.

En el pueblo de *Tiripitio*, que está en corona de S. M. y en la provincia de *Mechuacan*, hay un monesterio de la orden de N. P. Sant Augustin, en el cual continuamente residen cuatro religiosos para administracion de los santos sacramentos á los naturales. Al presente residen los dichos cuatro. El prior dél se llama Fr. Francisco de Villafuerte, teólogo, predicador y confesor de españoles, y muy buena lengua *tarasca*, y antiguo en la tierra, de edad de mas de cincuenta años : los demas sacerdotes son tambien lengua *tarasca*, y el uno lengua mexicana. Tiene este pueblo de *Tiripitio* con sus subjetos mill y doscientos tributantes conforme á la última cuenta, poco más ó menos. En la cabecera, que es el mesmo *Tiripitio*, se hallan
512 quinientos doce tributantes. En una estancia que se llama *Guajumbo* que dista de la cabecera una legua,
114 ciento y catorce tributantes. En la tercera estancia, que se llama *Cuiceo*, que dista de la cabecera tres cuartos de
177 legua, se hallan ciento y setenta y siete tributantes. Cuarta estancia que se llama *Telepeo*, abocacion Sant Miguel, que dista de la cabecera dos leguas, con otros

171 subjetillos á las mesmas, tiene ciento y sesenta y un tributantes. Quinta estancia que se llama *Coringuaro* con
Uciranban, que dista de la cabecera dos leguas, tiene
145 ciento y cuarenta y cinco tributantes. Sexta estancia, que
se llama *Tupátaro*, que dista de la cabecera tres leguas,
27 tiene veinte y siete tributantes. Séptima estancia, que se
llama *Chicaquaro*, que dista de su cabecera una legua,
24 tiene 24 tributantes. Octava estancia, que se llama *Icha-
queo*, que dista de su cabecera tres leguas, tiene treinta
30 tributantes.
Suman los 1.200 tributantes.

Hállanse de confesion en este pueblo con sus estancias mas
de cuatro mill, porque todos se acostumbran confesar cada
año llegando á edad de discrecion : todos comulgan sin quedar
ninguno, como tenga la edad del derecho, porque en esta provincia de *Mechuacan* comulgan todos los naturales, ni mas
ni menos que los españoles, y se les administran los sacramentos con gran solenidad y reverencia ; y ni mas ni menos
reciben todos los sacramentos de la Santa Madre Iglesia, porque nadie se muere sin la extremauncion de los que estan en
el Hospital de la dicha cabecera de *Tiripitio*, y á doquiera
que nos hallamos ; y acontece ir á los religiosos dos y tres
leguas á las estancias do hay enfermos á confesallos y comul-
gallos y dalles la extremauncion porque en esta provincia de
Mechoacan, mas que en otras partes de la Nueva España se
tiene en esto particular cuidado, y hallamos por expiriencia y
vemos muy á la clara el gran provecho que se les sigue á su
cristiandad. Esta es la relacion que he podido dar de lo que
toca á *Tiripitio* y sus subjetos. Fr. Francisco de Villafuerte,
Prior.

En el sobre : Relacion del pueblo de *Tiripitio*.

TZITZICAXTLA.

Hay en el pueblo de *Tzitzicaxtla*, que cae de la parte del
Norte, que dista de México veinte y siete leguas, poco mas ó
menos, el cual está en encomienda de Francisco de Mérida y

de Da. Isabel de Barrios, viuda, tiene la orden de Sant Augustin un monesterio en el cual comunmente residen tres religiosos, y al presente estamos dos sacerdotes, ambos lenguas mexicanas, y el uno dellos ha deprendido la lengua *chichimeca*, en la cual comienza ya á administrar los sacramentos porque la mayor parte del pueblo es desta lengua *chichimeca*, el cual tiene nuevecientos y cuarenta tributarios y medio, todos estos repartidos en la cabecera y en once estancias que tiene á sí subjetas.

Item, en la cabecera, cuyo nombre es *Tzitzicaxtla* hay ochenta y ocho tributarios y medio........... 88 y 1/2

Item, *Tenamgo*, que dista de la cabecera dos leguas tiene trescientos y cincuenta y cinco tributarios y medio..................................... 355 y 1/2

Item otra estancia que se llama Sant Jerónimo, que dista de la dicha cabecera tres leguas, tiene cuarenta y nueve tributarios y medio............... 49 y 1/2

Item, tercera estancia, que se llama Sancta Maria Magdalena, que dista de la cabecera tres leguas, tiene setenta y cuatro tributarios................ 74

Item, cuarta estancia, que se llama S. Joan, que dista de la dicha cabecera cuatro leguas, tiene treinta y ocho tributarios.......................... 38

Quinta estancia, que se llama S. Marcos, que dista de la dicha cabecera cuatro leguas, tiene cuarenta y dos tributarios............................. 42

Sexta estancia, que se llama Sant Andres, que dista de la dicha cabecera tres leguas, tiene sesenta y ocho tributarios............................. 68

Séptima estancia, que se llama Sant Juan, que dista de la cabecera dos leguas, tiene ochenta y seis tributarios y medio............................ 86 y 1/2

Octava estancia, que se llama Sancto Domingo, que dista de la cabecera dos leguas, tiene sesenta y nueve tributarios............................. 69

Nona estancia, que se llama Sancta Cruz, que dista de la cabecera cuatro leguas, tiene diez y ocho tributarios 18

Décima estancia, que se llama Sant Agustin, que dista de la dicha cabecera cuatro leguas, tiene treinta tributarios y medio.......................... 30 y 1/2

Undécima estancia, que se llama Sant Niculas, que dista de la cabecera cinco leguas, tiene treinta y dos tributarios............................. 32

De todos estos se confiesan comunmente ochocientos y cuarenta y nueve ; comulgan muchos dellos, segun que en ellos se halla la capacidad. Los *chichimecos* se comienzan ya á confesar, pues Dios les ha dado ministro para ello : tiénese todo cuidado en la doctrina de los unos y de los otros, y de visitarles sus estancias muy á menudo, de manera que de los religiosos que en la dicha cabecera de *Zizicaxtla* están, comunmente andan uno ó dos por las estancias. Toda esta averiguacion se hizo delante del alcalde mayor de *Metztitlan*. Fr. Bartolome de Lisboa.

En el sobre : De *Citzicaxtla*, á la parte del norte. Arzobispado

XILITLA.

Memoria que Nuestro Padre Provincial manda se envie al muy Excelente Señor Visorrey de la Nueva España, deste pueblo de *Xilitla* y sus estancias.

Xilitlan, pueblo de S. M., tiene ocho estancias, sin la cabecera, cuyos nombres son *Tlazozonal, Tilaco, Tlaletlan, Tlachco, Tancuco, Ziplatlan* y *Quetentlan* : tiene seis cientos y veinte y dos tributantes....................... 622 trib.

Y tiene veinte y siete reservados de tributo, que por su vejez no pueden hacer tributo........... 27 reser.

Tazioloxilitlan

Xilitlan, la cabecera, tiene cincuenta y nueve tributantes *naguales*............................ 59 trib.

Tiene cuatro viejos reservados............... 4 reser.

Otomis

Xilitla, la cabecera, tiene ciento y tres tributantes *otomis*........................ 103 trib.

Tiene cuatro viejos reservados............... 4 reser.

Tlazozonal

Tlazozonal, estancia de *Xilitla*, tiene ciento y cuarenta y cuatro tributantes, todos *otomis ;* dista desta cabecera tres leguas...................... 144 trib.

Tiene siete viejos reservados................. 7 reser.

Quetentlan.

Quetentlan, estancia de *Xilitla*, tiene cuarenta y un tributantes, todos *otomis ;* dista de la cabecera dos leguas................................. 41 trib.

Tiene reservado un viejo.................... 1 reser.

Tlaletlan.

Tlaletlan, estancia de *Xilitla*, tiene setenta y dos tributantes, todos *naguales*, dista deste pueblo legua y media................................. 72 trib.

Tiene reservados cuatro viejos............... 4 reser.

Taxopen.

Taxopen, estancia de *Taziol*, tiene cuarenta y cuatro tributantes, todos *nahuales*, y dista de la cabecera una legua........................... 44 trib.

Tiene reservados cinco viejos............... 5 reser.

Tamancho.

Tamancho, estancia de *Xilitla*, tiene cuarenta y ocho tributantes *otomis ;* dista de la cabecera legua y media................................. 48 trib.

Tiene reservados tres viejos................. 3 reser.

Tiene esta misma estancia de *Tamancho*, veinte tributantes *nahuales*.......................... 20 trib.

Tiene reservados dos viejos................. 2 reser.

Tlachco.

Tlachco, estancia de *Xilitla*, tiene treinta y dos tributantes, *nahuales* todos : dista de la cabecera dos leguas .... 32 trib.

Tiene reservados dos viejos................. 2 reser.

Tancuco

Tancuco, estancia de *Xilitla*, tiene veinte y cuatro tribulantes *naguales*. dista de la cabecera dos
leguas .... 24 trib.
  Tiene reservados dos viejos.................. 2 reser.

Ziplatlan.

Ziplatlan, estancia de *Xilitla*, tiene quince tributantes todos *naguales*. dista de la cabecera dos leguas y media................................ 15 trib.

Tilaco.

Tilaco, estancia de *Xilitla*, tiene quince tributantes, todos *otomis*; dista de este pueblo nueve
leguas, porque son confines de los *chichimecas*:   20 trib.
tiene reservados tres viejos.................   3 reser.
  Por la memoria sobredicha redunda como este pueblo tiene
otomis y *naguales*. Estamos en esta casa y convento dos religiosos, entrambos lenguas mexicanas, para los *naguales* y
para los *otomis* tiene nuestro padre prior proveido de lengua
otomi, el cual, por la penuria de lengua *otomi*, suple en esta
casa y en la de *Chapuhuacan*; y así tienen los unos y los otros
doctrina en su mismo idioma. Confiésanse y reciben los otros
sacramentos que nuestra Madre Iglesia manda mill y quinientos y diez é ocho personas. Y porque es verdad lo firmé de mi
nombre. Fecho á diez de Hebrero 1571 años. Fr. Alonso de
San Martin.
  En el sobre: De la parte del Norte- *Xilitla*- Arzobispado.

GUAXUTLA.

  En el pueblo de *Guaxutla*, que es en la provincia de la *Guasteca*, está en cabeza de S. M.: dista de la ciudad de México
50 leguas, poco más ó menos, y de la villa de *Pánuco* y *Tam-
pico* veinte y dos leguas: tiene monasterio de la orden de N. P.
S. Augustin en el cual residen de ordinario cuatro religiosos,

los cuales entienden la lengua mexicana, y el prior la *guasteca* y mexicana : los tres entienden en la administracion de los sacramentos : el otro es lego.

Los dos de ellos ternán de 80 años para abajo de edad, y los otros dos de 50 para abajo. El prior es predicador y confesor de españoles y de indios, y los otros dos confesores, de españoles el uno, y el otro de indios. Tiene este pueblo la iglesia de bóveda y cal y canto, aunque pequeña, razonable. La vocacion de la iglesia es del Señor S. Augustin.

Contiénense en este pueblo tres cabeceras : la primera que es *Guaxutla*, donde está el monesterio, tiene veinte españoles casados vecinos.

La segunda se dice *Tepehuacan :* dista dos leguas del monasterio.

La tercera se dice *Tlacuilula :* dista tres leguas del monasterio.

La cabecera que es *Guaxutla*, tiene dos estancias : la primera se dice *Teacal ;* dista del monasterio una legua : tiene iglesia que se dice S. Hierónimo : tiene ciento y deciocho tributantes. -118.

La segunda *Macuextcpetlan* dista de la cabecera donde está el monasterio una legua ; tiene iglesia la vocacion es del Sr. S. Augustin ; tiene ciento y cincuenta y un tributantes. -151.

El mismo *Guaxutla* tiene al derredor del monasterio del Sr. S. Augustin ochenta y seis tributantes. -86.

De manera que se cuentan con esta cabecera principal de *Guaxutla* trecientos y cincunta y cinco tributantes. 355 tributantes.

La segunda cabecera que es *Tepehuacan*, dista del monasterio dos leguas, tiene treinta y un tributantes : tiene iglesia : dícese Sta. Maria -31.

La segunda estancia que se llama *Xiquilan*, dista del monasterio dos leguas ; tiene iglesia ; la vocacion es S. Pedro : tiene treinta y ocho tributantes. -38.

La tercera estancia se llama *Tampeta :* tiene iglesia : la vocacion es S. Juan Baútista : dista de la cabecera dos leguas : tiene sesenta y cuatro tributantes. -64.

De manera que resumidos los tributantes destas estancias

subjetas á esta cabecera, son ciento y treinta y tres tributantes. -133.

La tercera cabecera se dice *Tlacuilula* : tiene iglesia : dista del monasterio 2 leguas : la vocacion es S. Nicholas de Tolentino, tiene ciento y treinta y tres tributantes. -133.

Tiene dos estancias, la una se dice *Atecuchco* : dista del monasterio 4 leguas : tiene iglesia : dícese Sta. Maria : tiene noventa y siete tributantes. -97.

La otra estancia se dice *Yxchcatlan* ; dista del monasterio 4 leguas : tiene iglesia : dícese S. Pedro : tiene noventa y seis tributantes. 96. De manera que resumidos los tributantes, subjetos á esta cabecera, son trescientos y veinte y seis tributantes. -326.

Finalmente que resumidas todas las estancias subjetas á este pueblo de *Guaxutla* son por todos ochocientos y catorce tributantes : tendrá de confesion dos mill ánimas poco mas ó menos. -814.

Tienen de visita los religiosos de este pueblo 3 pueblos de S. M. en comarca, que son *Tauçan*, *Xucutlan* y *Çualan*.

Tauçan.

Dista deste monesterio 7 leguas : tiene iglesia : dícese S. Pablo : tiene por subjetos tres estancias que se dicen la una *Nexpa*, la otra *Cuitlachumalco*, la otra *Tlalalchco*, con sus iglesias, tiene ducientos y treinta tributantes : con las estancias todo *Tauçan* tendrá de confesion quinientas ánimas. -230.

Otro pueblo de S. M. se dice *Xucutlan*, dista de este monasterio cuatro leguas : tiene iglesia : dícese S. Francisco : tiene treinta tributantes. -30.

Tiene más de encomenderos. El pueblo de *Tacatuco* que está encomendado á Juan de Busto : dista deste monasterio 4 leguas : tiene iglesia que se dice S. Jerónimo : son tres estancias con sus iglesias : por todos son trescientos tributantes. -300.

Cuyutla

Está en cabeza de Juan Romero, encomendero : dista deste monasterio dos leguas : tiene tres estancias con sus iglesias tiene cien tributarios. -100.

Tamalol.

Está encomendado en Juan de Navarrete : son dos estancias : distan deste monasterio 2 leguas : la vocacion es del S. San Francisco : tiene cien tributantes con todos sus subjetos. -100.

Chiconamel.

Está encomendado en Juan Méndez de Sotomayor : dista deste monasterio dos leguas : la vocacion es Sta. Maria : tiene veinte tributantes. -20.

Tamazunchal

Está encomendado en Juan Azedo : dista del monasterio dos leguas : tiene iglesia : dícese Santiago : tiene treinta tributantes. -30.

Quauhtla.

Está encomendado en Cristóbal de Frias : dista deste monasterio 4 leguas : tiene iglesia : dícese S. Juan Baptista : tiene cien tributantes. -100.

Calpan.

Está encomendado en Benito de Cuenca : dista deste monasterio 3 leguas : tiene iglesia : dícese S. Andres : tiene 40 tributantes. -40.

Tantoyeque.

Está encomendado en Melchior Rodríguez : dista del monasterio 4 leguas : tiene iglesia : dícese S. Juan : tiene 30 tributantes.

De manera que resumidos todos los pueblos de S. M. y de los encomenderos que los religiosos deste monesterio de *Guaxutla* visitan son por todos los tributarios mill y ochocientos y veinte y cuatro tributantes. -1824.

Por todos habrá de confesion cinco mill ánimas, poco más ó menos. Solia tener esta casa otros pueblos de visita, como es *Yxhuacan* y *Chicontepec* : están ya en poder de clérigos.

Y esta es la certinidad de todo lo que pasa y visitamos. Y por tal verdad lo firmé yo el prior desta casa. Hecha en este pueblo de *Guaxutla* á 20 de febrero de 1571 años. Fray Juan de la Cruz.

En el sobre : Relacion del pueblo de *Guaxutlan*, hacia la parte del norte. Arzobispado.

TLACHINOLTICPAC.

En el pueblo de *Tlachinoltipac* desta Nueva España, questá encomendado en Alonso Ortiz de Zúñiga, y Da. Ana de Medina, hay un monasterio de la orden de Ntro. P. Sancto Augustin, en el cual residen ordinariamente cuatro religiosos lenguas mexicanas, los cuales entienden en la administracion de los sanctos sacramentos y instruir y enseñar á los naturales deste dicho pueblo en las cosas de nuestra santa fé católica. al presente hay tres sacerdotes lenguas, que son el prior Fr. Alonso Montesinos, Fr. Tomas de Segura, Fr. Pedro Ortiz de Mena. El prior deste dicho monesterio es lengua mexicana, serrana y *ocuilteca* predica y confiesa en todas tres lenguas. El padre Fr. Tomas de Segura es lengua mexicana : predica y confiesa en ella : es teólogo predicador y confesor de españoles. El padre Fr. Pedro Ortiz de Mena es lengua mexicana y ministro : los cuales residen al presente en este monasterio.

Dista este pueblo de *Tlachinolticpac* de la ciudad de México á la parte del norte cuarenta y tres leguas poco mas ó menos. Está situado él y todas sus estancias y visitas en muy grandes sierras : tierra muy fragosa, de grandísimas nieblas, luviosas, y mucha parte del año pocas veces parece el sol : es una tierra muy trabajosa, ansí para los naturales della como para los ministros.

Tiene este pueblo sesenta y nueve visitas ó estancias sujectas á sí, en las cuales tiene repartidos todos sus tributantes, que son cuatro mill y quinientos pocos mas ó menos, como sé verá mas claro por la suma de las dichas estancias, que son las que se siguen.

Tlachinollicpac.

1 Primeramente esta cabecera de *Tlachinollicpac* tiene ducientos y veinte vecinos tributantes : aquí está monasterio y los religiosos................................ 220

2 A la parte del poniente está el pueblo de *Chacalan* que tiene ochenta y seis vecinos tributantes :está dos leguas desta cabecera.............................. 86

3 *Chipoco* tiene cincuenta y nueve tributantes : dista dos leguas de la cabecera al mesmo poniente......... 59

4 *Xochitla* tiene cincuenta y seis tributantes : dista dos leguas y media desta cabecera al poniente............. 56

5 *Ahuayahualco* tiene treinta y cuatro tributantes : dista tres leguas á la parte del sur.................... 34

6 *Chiconcohuac* tiene treinta y cinco tributantes : dista tres leguas desta cabecera al poniente................. 35

7 *Otonco* tiene setenta y nueve tributantes : dista cuatro leguas al poniente.............................. 79

8 *Acozcatlan* tiene treinta y ocho tributantes : dista cuatro leguas y media al poniente................... 38

9 *Colhuacan* tiene cuarenta y tres tributantes : dista tres leguas y media al poniente..................... 43

10 *Tlacochcalco* tiene setenta y cuatro tributantes : dista cuatro leguas y media al poniente............... 74

11 *Tamalauh* tiene cuarenta y tres tributantes : dista cinco leguas y media al poniente.................... 43

12 *Tlatziutlan* tiene cuarenta y cinco tributantes : dista cinco leguas y media al poniente.................... 45

13 *Yaotenpan* tiene cuarenta y tres tributantes : dista seis leguas casi al sur 43

14 *Tepehuacan* tiene ciento y cinco tributantes : dista seis leguas al poniente............................ 105

15 *Temamatlac* tiene cuarenta y tres tributantes : dista ocho leguas al poniente............................ 43

16 *Achmila* tiene setenta casados : dista ocho leguas al poniente.................................... 70

17 *Teyahualan* tiene cuarenta y dos casados : dista siete leguas al poniente............................. 42

18 *Tezcaapan* tiene noventa y dos tributantes : dista ocho leguas y media á la parte del norueste............ 92

19 *Quatotol* tiene ciento y dos casados ; dista diez leguas al mesmo norueste............................ 102

20 *Tlatlatepec* tiene veinticuatro casados : dista diez leguas y media al mesmo norueste.................... 24

21 *Chahuatitlan* tiene cuarenta y dos casados : dista once leguas al mesmo rumbo...................... 42

22 *Tzaqualtipan* tiene treinta y ocho tributantes : dista doce leguas al norueste............................. 38

23 *Xilitla* tiene veintidos casados tributantes : dista ocho leguas al norueste............................ 22

24 *Ixtaapan* tiene cincuenta y seis tributantes : dista siete leguas al norueste............................ 56

25 *Cuimantlan* tiene sesenta tributantes : dista seis leguas á la cuarta del leste......................... 60

26 *Tzonpetzcolan* tiene treinta y seis tributantes : dista cinco leguas á la mesma cuarta del leste.............. 36

27 *Atapachco* tiene veinte y dos casados : dista cuatro leguas en el mesmo rumbo........................ 22

28 *Yhuitepec* tiene ciento y cincuenta y cinco tributantes : dista cuatro leguas al norueste............... 155

29 *Tototzintlan* tiene sesenta y cuatro tributantes : dista cinco leguas al norueste......................... 64

30 *Canchocolan* tiene ciento y cuarenta y dos casados : dista cinco leguas al norte............................ 142

31 *Alahuactlan* tiene setenta tributantes : dista seis leguas al mesmo rumbo............................... 70

32 *Xitlaman* tiene cincuenta y seis tributantes : dista tres leguas al norueste............................. 56

33 *Pitzatlan* tiene treinta y ocho casados : dista dos leguas y media al norueste......................... 38

34 *Quimichtlan* tiene cuarenta y seis tributantes : dista tres leguas al norueste............................ 46

35 *Maxolan* tiene veinte y cuatro casados : dista legua y media al norte............................. 24

36 *Quazahualco* tiene treinta y cinco casados : dista dos leguas al norte................................. 35

37 *Moyotlan* tiene ciento y seis casados : dista dos leguas al norte... 106

38 *Quilitlan* tiene ciento y tres casados : dista tres leguas al norte... 103

39 *Talol* tiene ciento y cuarenta y tres tributantes : dista cinco leguas al norte............................. 143

40 *Lontlan* tiene ciento y ochenta tributantes : dista cuatro leguas al norte................................. 180

41 *Quatitlanmixtlan* tiene ciento y diez casados : dista cuatro leguas al norte............................... 110

42 *Petlacalapan* tiene cuarenta y cinco casados : dista cuatro leguas al norte.............................. 45

43 *Temanco* tiene ciento y cuarenta y cuatro casados : dista cinco leguas al norte......................... 144

44 *Temacuil* tiene sesenta casados : dista seis leguas al norte 60

45 *Teeçistepec* tiene diez y seis casados : dista seis leguas al norte....................................... 16

46 *Quauhyxtlalmacco* tiene noventa y cinco tributantes : dista seis leguas al oriente....................... 95

47 *Tequantlan* tiene cuarenta y siete casados : dista cinco leguas al oriente.............................. 47

48 *Calzotipan* tiene ciento y veinte tributantes : dista tres leguas al oriente.............................. 120

49 *Achquatitlan* tiene setenta tributantes : dista dos leguas desta cabecera................................ 70

50 *Zacatepec* tiene setenta y un casados : dista cinco leguas al oriente.................................... 61

51 *Chololan* tiene treinta tributantes : dista cuatro leguas y media al oriente............................. 30

52 *Tlahuelonco* tiene ciento y treinta y cinco tributantes : dista tres leguas y media al norte............... 135

53 *Nacazquatitlan* tiene diez y seis tributantes : dista 4 leguas al oriente................................ 16

54 *Quatlatlan* tiene sesenta y seis casados : dista dos leguas al oriente 66

55 *Apantlazol* tiene cincuenta y tres tributantes : dista dos leguas à la parte del sur...................... 53

56 *Otollan* tiene cuarenta y cinco tributantes : dista dos leguas y media al sur.................................... 45

57 *Mixtlan* tiene cuarenta y nueve casados : dista cuatro leguas al sur.................................... 49

58 *Ecahuazco* tiene cuarenta y ocho casados : dista cuatro leguas al sur.................................... 48

59 *Tepeolol* tiene cincuenta y dos casados : dista tres leguas al sur 52

60 *Quauhtlan* tiene cuarenta y cinco tributantes : dista cinco leguas al oriente.................................... 45

61 *Tlalan* tiene cincuenta y dos tributantes : dista cinco leguas al mediodia.................................... 52

62 *Pacolan* tiene cuarenta y tres casados : dista seis leguas al meridiano.................................... 43

63 *Alahuacco* tiene treinta y ocho tributantes : dista seis leguas al meridiano.................................... 38

64 *Tlacotepec* tiene cincuenta y siete tributantes : dista cinco leguas al meridiano.................................... 57

65 *Tlaxcalan* tiene treinta y tres tributantes : dista tres leguas al meridiano.................................... 33

66 *Chaichatla* tiene sesenta y dos tributantes : dista dos leguas al meridiano.................................... 62

67 *Itztla* tiene treinta y ocho tributantes : dista dos leguas al meridiano.................................... 38

68 *Totonacapan* tiene treinta y nueve tributantes : dista dos leguas al sur.................................... 39

69 *Tochintlan* tiene treinta tributantes : dista una legua y media al sur.................................... 30

70 *Teotlayocan* tiene cuarenta y cuatro casados tributantes : dista una legua al sur.................................... 44

Todas estas estancias y pueblos infraescriptos son subjectos á esta cabecera de *Tlachinolticpac :* está este pueblo dividido en pueblos tan pequeños porque la fragosidad y aspereza de la tierra no sufre menos ni permite hacer mayores congregaciones de pueblos.

Conflésanse todos cada un año, sin quedar ninguno : que se confiesan cada año doce mill ánimas, poquitos menos ; dáseles el Sanctísimo Sacramento de la Eucaristia á todos los que se van disponiendo, porque esta gente es serrana y de muy bajo entendimiento, y váse con ellos poco á poco y con muy gran tiento, como conviene. Cada año, por la bondad de Nuestro Señor, se van admitiendo algunos, y se va aumentando el número. Comulgaron el año pasado, entre esta cabecera y sus aldeas, más de cuatrocientas ánimas, y siendo Dios servido, el año presente en que estamos llegarán á cerca de mill personas de comunion, porque están admitidos muchos.

Dáseles el sancto sacramento de la Extremauncion á todos los que mueren en esta cabecera, y por las visitas á todos los que se ofrece andando los religiosos visitando, que ordinariamente andan dos fuera, y aquellos venidos van otros : por tanto pueden estos naturales desta Nueva España gloriarse que tienen mas aparejo para salvarse de cuantas naciones tenemos noticia, por que ninguna ha sido mas predicada ni doctrinada, que esta desta Nueva España. Todo sea para honra y gloria de Dios Nuestro Señor y de su gloriosa Madre. Escribióse esta minuta de los pueblos y yndios de *Tlachinolticpac* con la fidelidad que á negocio semejante y de tanta importancia conviene, en este pueblo de *Tlachinolticpac* en quince de Marzo de mill y quinientos y setenta Annos. Fray Ambrosio Montesino.

En el sobre : Memoria de *Tanchinoltichipac*. A la parte del Norte. Arzobispado.

MOLANGO.

En el pueblo de *Molango*, que es de la corona real, que está á la parte del norte y dista de la ciudad de México treinta é dos leguas, está un monesterio de la orden del glorioso Sr. S. Agustin, en el cual al presente están cuatro religiosos : tres sacerdotes y un hermano. El prior se llama Fr. Pedro de Agurto, teólogo predicador y confesor de españoles : es tambien lengua mexicana predica y conflesa en ella. Los otros dos padres sacerdotes son lenguas, y predican y conflesan en ella. Este dicho pueblo tiene en su cabecera y en todos sus subjectos mill y ciento y sesenta é cuatro casas ó tributantes :

tiene la cabecera que es *Molanco*, ciento é treinta y seis vecinos. Son los de confesion por todos, contando viejos y mozos
y doncellas por casar trescientos. Tiene diez y ocho pueblos
pequeños por causa de la serranía, que es todo lo que hay por
esta tierra sierras, y ningunos llanos, y por la falta de tierra
para sembrar no pueden ser los pueblos de mucha gente.

El primer pueblo se llama *Huyzotla* : tiene cincuenta é tres
casas : dista de *Molango* hacia el norte una legua : los de
confesion son ciento é treinta.

Zaquala tiene sesenta casas : dista tres leguas hacia el
norte : tiene de confesion ciento y treinta y ocho.

Naupan dista dos leguas y media de *Molanco* hacia el norte
tiene cuarenta é una casas : de confesion ciento.

Poxtatlan dista de *Molanco* tres leguas : tiene cincuenta é
un vecinos : de confesion ciento é treinta.

Xicalango tiene treinta y tres tributantes : dista de *Molanco*
cuatro leguas : tiene de confesion cincuenta.

Tlazintla dista cinco leguas de *Molanco* : tiene ciento é veinte
y seis tributantes : son de confesion doscientos é ochenta.

Juchitlan dista de *Molanco* seis leguas y media : tiene tributantes (*sic*) : son los de confesion ciento y veinte é siete.

Ichcatlan dista de *Molanco* seis leguas : tiene setenta é una
casa : son de confesion ciento é cincuenta.

Tepeacapan dista de *Molanco* ocho leguas : tiene ciento y
ochenta y nueve casas : tiene de confesion cuatro cientos é
doce.

Cuxuacan dista de *Molanco* ocho leguas y media : tiene
treinta é nueve casas : tiene de confesion ciento.

Acayucan dista siete leguas : tiene noventa y cinco casas :
son de confesion doscientos é veinte.

Huiznopalan dista cinco leguas : tiene treinta y siete casas :
de confesion ciento y diez.

Mixtlan dista cuatro leguas : tiene veinte é nueve vecinos :
son de confesion noventa.

Acatepec dista cuatro leguas : tiene treinta é un vecinos :
son de confesion noventa y dos.

Aytic dista de *Molanco* tres leguas y media : tiene sesenta
é tres casas : son de confesion doscientos.

Ytzcotlan dista dos leguas y media : tiene veinte é una casas : de confesion noventa é dos.

Chalco dista legua y media : tiene veinte é nueve casas : de confesion setenta é nueve.

Cacholan catorce casas : dista dos leguas : de confesion cuarenta.

Visítanse de este pueblo de *Molanco* otros tres pueblos, cabeceras por sí, y tiene sus subjetos. El uno de estos pueblos que son cabeceras se llama *Suchicoatlan* : es de la real corona : dista de *Molango* legua y media á la parte del oriente : tiene setenta é una casas, digo, y cinco casas : de confesion dos cientos. Tiene treinta é ocho pueblos pequeños subjetos. Son por todos los tributantes mill y quinientos y sesenta é tres.

Acomulco, subjeto de *Suchicoatla*, dista del monesterio de *Molango* media legua, y de su cabecera una : tiene veinte y cinco tributantes : son de confesion sesenta é cuatro.

Tenexco dista de *Molango* una legua, y de su cabecera legua y media : tiene cuarenta é nueve casas : son de confesion ciento é cuarenta.

Jalamelco dista de *Molango* legua é media, y de su cabecera otra legua é media, poco más : tiene cuarenta y siete casas ; son de confesion ciento.

Tzapoquahutlan dista de *Molango* dos leguas, y otro tanto de su cabecera : tiene quince vecinos : de confesion cuarenta y tres.

Michatlan dista dos leguas de *Molango*, y media de su cabecera : tiene cincuenta é seis casas : de confesion ciento y setenta

Tozancoac dista de *Molango* siete leguas, y de su cabecera seis : tiene 46 casas : son de confesion ciento.

Quahutlamaya dista de *Molango* dos leguas y media : de su cabecera una legua : tiene 80 casas : son de confesion 230.

Tziatlan dista de *Molango* dos leguas, y de su cabecera media legua : tiene 87 casas : son de confesion 234.

Coyametlan dista de *Molango* tres leguas : de su cabecera legua é media : tiene treinta y nueve casas : de confesion ciento é diez.

Molangotzin dista de *Molango* tres leguas : de su cabecera legua é media : tiene 32 casas : de confesion ciento y três.

Mixtlan dista de *Molango* tres leguas : de su cabecera legua é media ó dos : tiene 67 casas : son de confesion 220.

Papachtlan dista de *Molango* cuatro leguas : tiene 30 casas y de confesion 90.

Apapanco dista cinco leguas de *Molango*, y de su cabecera cuatro : tiene 26 casas : son de confesion 63.

Fray Pedro de Agurto.

En el sobre : Memoria del pueblo de *Molango* de la parte del norte. Arzobispado.

MEZTITLAN.

El pueblo de *Meztitlan*, que está veinte y cinco leguas de México, á la parte del norte, está en encomienda de Francisco de Mérida Molina y Da. Isabel de Barrios, viuda, mujer que fue de D. Diego de Guevara, está un monesterio de la orden de S. Agustin, y en el cual al presente residen cinco religiosos, y suelen ser seis : los cuatro son sacerdotes, y un hermano. El prior se llama Fr. Juan de Vera, teólogo y predicador y confesor de españoles : es lengua mexicana y *otomi*, y predica y confiesa en las dos lenguas. Los otros padres sacerdotes son lenguas mexicanas y confiesan y predican en ella. Este dicho pueblo tiene en su cabecera y sujetos siete mill menos doscientas casas repartidas en setenta y cuatro pueblos pequeños. Tiene la cabecera repartida por sus barrios, que algunos dellos están media legua de la iglesia, por no haber sitio donde se puedan juntar mill y setecientas y treinta y ocho casas, las cuales tienen de confesion cuatro mil y seiscientos y cuarenta y nueve, y de estos hay de comunion doscientos y cincuenta indios y indias, y á todos se les administran todos los sacramentos.

El primer pueblo, que se llama *Xuico*, tiene ciento y veinte y seis casas : son de confision doscientos y ochenta : dista de la cabecera una legua.

Tlatemalco tiene trescientas y noventa y nueve casas : hay de confesion nuevecientas personas : dista de la cabecera dos leguas.

Quauhtitlan Pichitan tiene veinte casas : hay de confesion, cincuenta personas : dista de la cabecera cuatro leguas y media.

Xoxoteco tiene ochenta casas : hay de confesion ciento y setenta y nueve personas : dista de la cabecera cuatro leguas.

Atecocho tiene ciento y sesenta y nueve casas : hay de confesion cuatrocientos indios : dista de la cabecera cuatro leguas.

Naxitlan tiene cincuenta casas : hay ciento y veinte de confesion : dista de la cabecera dos leguas.

Tlachico tiene setenta y ocho casas : tiene de confesion ciento y ochenta : dista de la cabecera dos leguas.

Tenango tiene ciento y diez casas : tiene de confesion doscientas y sesenta personas : dista de la cabecera cuatro leguas.

Atlmoloni tiene ciento y catorce casas : hay de confesion doscientas y sesenta y tres personas : dista de la cabecera cinco leguas.

Coalquizque tiene ciento y veinte y tres casas : hay de confesion doscientas y ochenta personas : dista de la cabecera legua y media.

Analco tiene ciento y cincuenta y cuatro casas : hay de confesion trescientos y cuarenta y dos : dista de la cabecera una legua.

Cococinco tiene cincuenta y cuatro casas : hay de confesion ciento y treinta y dos : dista de la cabecera tres leguas.

Ayotochapan tiene noventa y nueve casas : hay de confesion doscientos y cuatro : dista de la cabecera cinco leguas.

Tlamayan tiene ciento treinta casas : hay de confesion setenta y seis personas : dista de esta cabecera seis leguas.

Azolcintla tiene noventa casas : hay de confesion doscientos y diez y siete : dista de la cabecera legua y media.

Zozoquipan tiene ciento y cincuenta casas : hay de confesion trescientos y veinte y seis : dista de la cabecera dos leguas.

Zaqualtipan tiene ciento y cuarenta casas : hay de confesion trescientos y cincuenta indios : dista de la cabecera cuatro leguas.

Atlmoloni tiene ciento y veinte casas : hay de confesion dos cientos y ochenta : dista de la cabecera cuatro leguas.

Iztozcac tiene cuarenta casas : hay de confesion ciento : dista de la cabecera cuatro leguas y media.

Ixcotlan tiene cuarenta casas : hay de confesion noventa y tres : dista de la cabecera cuatro leguas y media.

Ciatlan tiene sesenta casas : hay de confesion ciento y cuarenta y cinco : dista de la cabecera cinco leguas.

Zauaiztipan tiene setenta casas : hay de confesion ciento y sesenta : dista de la cabecera seis leguas.

Cinquatlan tiene veinte casas : tiene de confesion cuarenta y cinco : dista de la cabecera seis leguas.

Matlatlatlan tiene veinte casas : hay de confesion cuarenta y siete : dista de la cabecera siete leguas.

Zacaocotlan tiene veinte y cuatro casas : hay de confesion cincuenta y cuatro : dista de la cabecera seis leguas y media.

Tlanelumpa tiene ciento y cincuenta casas : hay de confesion trescientos y cuarenta : dista siete leguas.

Tizapan cien casas : hay de confesion dos cientos y veinte y cinco : dista seis leguas desta cabecera.

Atecochco treinta casas : hay de confesion setenta : dista cinco leguas.

Coatlilan cuarenta casas : hay de confesion noventa : dista de la cabecera seis leguas.

Pinolco cuarenta casas : hay de confesion noventa y dos : dista siete leguas.

Pemochco cuarenta casas : hay de confesion noventa : dista ocho leguas.

Tecicimico tiene cincuenta casas : hay de confesion ciento y diez : dista de la cabecera nueve leguas.

Mimiauco cuarenta casas : hay de confesion ochenta y cinco : dista de la cabecera diez leguas.

Mazanacan veinte casas : hay cincuenta de confesion : dista diez leguas.

Naualetlan cuarenta casas : hay de confesion noventa y tres : dista de la cabecera nueve leguas.

Izmatitlan veinte casas : hay de confesion cuarenta y cinco : dista diez leguas.

Teocuitlauatlan cien casas : tiene doscientos y cincuenta de confesion : dista de la cabecera once leguas.

Chapula treinta casas : hay de confesion setenta : dista nueve leguas y media.

Xilotlan sesenta casas : hay de confesion ciento y treinta y seis : dista de la cabecera diez leguas.

Achintlan cuarenta casas : hay de confesion noventa : dista diez leguas.

Cholula cuarenta casas : hay de confesion ochenta y siete : dista diez leguas.

Tentlan cuarenta casas : hay de confesion noventa y tres : dista once leguas.

Macuilachico cuarenta casas : hay de confesion noventa : dista doce leguas.

Iztacapa veinte casas ; hay de confesion cuarenta y cuatro : dista trece leguas.

Mozotla cuarenta casas : hay de confesion noventa y dos : dista once leguas.

Xuchimilco cincuenta casas : hay de confesion ciento y veinte : dista once leguas y media de esta cabecera.

Mazauacan ochenta casas : hay de confesion ciento y ochenta : dista catorce leguas.

Otlamalacatlan noventa casas : hay de confesion doscientos : dista nueve leguas.

Tizcuitlaco sesenta casas : hay de confesion ciento y cuarenta : dista diez leguas.

Coatlacuitepan cuarenta casas : hay de confesion noventa : dista once leguas de esta cabecera.

Pauatitlan treinta y cinco casas : hay de confesion ochenta : dista once leguas.

Ocotlan sesenta casas : hay de confesion ciento y cuarenta : dista doce leguas.

Tlacuilola ochenta casas : hay de confesion ciento y ochenta : dista de la cabecera trece leguas.

Atecochco ochenta casas : hay de confesion ciento y setenta : dista de la cabecera trece leguas.

Tepeuizco sesenta casas : hay de confesion ciento y treinta : dista de la cabecera trece leguas.

Papatlatla tiene veinte y cinco casas : hay de confesion cincuenta y cinco : dista de la cabecera quince leguas.

Eloxuchitlan 150 casas : hay de confesion 330 : dista cuatro leguas.

Ayatlalpan 70 casas : hay de confesion 150 : dista cuatro leguas.

Aztapanetlan 40 casas : hay de confesion 90 : dista cinco leguas.

Yztacoiotla 140 casas : hay de confesion 300 : dista seis leguas.

Macuilxuchico 23 casas : hay de confesion 50 : dista siete leguas.

Tlachco 30 casas : hay de confesion 70 : dista de la cabecera ocho leguas.

Atezcatl 120 casas : hay de confesion 260 : dista ocho leguas.

Teilpican 15 casas : hay de confesion 35, dista nueve leguas.

Tlaltepinco 40 casas : hay de confesion 90 : dista doce leguas.

Tlaltepinco 40 casas : hay de confesion 90 : dista doce leguas

Ochioquatlan 20 casas : hay de confesion 45 : dista siete leguas.

Yzmolintla 35 casas : hay de confesion 80 : dista siete leguas.

Nonoalco 64 casas : hay de confesion 150 : dista cuatro leguas.

Tleyacapula 33 casas : hay de confesion 70 : dista cuatro leguas.

Teuizco 40 casas : hay de confesion 90 : dista cinco leguas.

Opochitlan 43 casas : hay de confesion 90 : dista tres leguas.

Mazauacan 60 casas : hay de confesion 130 : dista doce leguas.

Michomitlan tiene 40 casas, y de confesion 90 : dista trece leguas.

Todos estos pueblos sobredichos están subjetos á *Meztitlan*, los cuales son visitados desta manera : que salen dos religiosos de la cabecera que es *Meztitlan*, el uno por un cabo y el otro por el otro, y andan todos los pueblos, predicando en ellos y batizando y confesando y casando y dando la Extremauncion : solo no dan el sacramento de la Eucaristia sino á pocos, y es la causa que como estos indios de la sierra de *Meztitlan* son tan rústicos y tienen tan bajos entendimientos, y tan rudos y zaflos, no se han atrevido los religiosos á dárselo,

por pensar que en ellos no hay vaso para recibirlo medianamente, y solo se administra en algunos lugares grandes y en
la cabecera adonde cada dia se aumenta el número de los que
lo reciben, porque cada dia se van desbastando y tienen mas
cognocimiento de lo que reciben y se aparejan mejor para
recibirlo, y tengo conflanza en Dios que con el trabajo que se
tiene habrá presto gran número en todos los pueblos para
podérseles administrar, por manera que venidos que son los
dos religiosos de la visita y han andado todos los pueblos,
salen luego otros dos, y hacen lo mesmo, de tal manera que
en espacio de un año se visitan los pueblos mas apartados,
por lo menos ocho ó nueve veces, y los pueblos cercanos muy
muchas veces, porque cada domingo se dice misa en tres ó
cuatro partes diferentes, sin la cabecera, y á la ida y á la
venida van por diferentes pueblos y administran en ellos todos
los sacramentos que se pueden administrar y este es el orden
que se tiene en esta tierra de *Meztitlan*.

Tambien de este pueblo y cabecera de *Meztitlan* se visitan
dos cabeceras pequeñas que están en encomienda de Leonel
de Cervantes, vecino de la ciudad de México, las cuales son
Ilamatlan y *Atlauecian*, cuyos pueblos están engeridos y entre-
metidos con los pueblos de *Meztitlan. Ylamatlan* tiene 27 estancias, y en todas ellas tiene mil y dos cientos y veinte y un
vecinos : está repartido de esta manera :

Ilamatlan, cabecera, tiene 80 casas : hay de confesion 200
personas.

Achichipico 21 casas : hay de confesion 45 : dista de *Ilamatlan* media legua.

Tenixco 16 casas : hay de confesion 35 : dista de su cabecera
Ilamatlan una legua.

Cinpatlachitlan 37 casas : hay de confesion 80 : dista tres
leguas.

Tulapa 45 casas : hay de confesion 100 : dista de la cabecera
cuatro leguas.

Apachitlan 50 casas : hay de confesion 110 : dista cuatro
leguas.

Chochotla 31 casas : hay de confesion 70 : dista tres leguas.

Tlacotepec 60 casas : hay de confesion 130 : dista seis leguas.

Polintotlan 45 casas, hay de confesion 100 : dista cinco leguas.

Umanelualco 20 casas : hay de confesion 45 : dista siete leguas.

Uilotla 18 casas : hay de confesion 40 : dista ocho leguas.

Teuicilan 40 casas : hay de confesion 90 : dista de la cabecera nueve leguas.

Manetlan 30 casas : hay de confesion 70 : dista ocho leguas.

Panapa 30 casas : hay de confesion 65 : dista siete leguas.

Xalpa 40 casas : hay de confesion 90 : dista ocho leguas.

Ximicuanitlan 21 casas : hay de confesion 47 : dista una legua.

Uicicilco. 30 casas : hay de confesion 70 : dista de su cabecera tres leguas.

Canantlan 28 casas : hay de confesion 60 : dista tres leguas.

Tanchixtlan 61 casas : hay de confesion 130 : dista cuatro leguas.

Cilintlan 32 casas : hay de confesion 70 : dista cuatro leguas.

Tanaxco 50 casas : hay de confesion 110 : dista cinco leguas.

Zoquitlan 50 casas : hay de confesion 109 : dista legua y media.

Tlamacuimpa 90 casas : hay de confesion 200 : dista dos leguas.

Xococapa 72 casas : hay de confesion 180 : dista tres leguas.

Ocuilcapotlan 60 casas : hay de confesion 130 : dista tres leguas.

Coaquaco 80 casas : hay de confesion 200 : dista cuatro leguas.

Xiliapa 30 casas : hay de confesion 70 : dista de la cabecera seis leguas.

Coioltitlan 40 casas ; hay de confesion 100 : dista de su cabecera siete leguas.

Estos son los pueblos de *Ylamatlan*, en los cuales casi siempre andan un religioso visitándolos y administrándoles los sacramentos ; y en estos vecinos que se han contado se contienen los viudos y viudas, y lo mesmo en los pueblos que pertenecen á *Meztitlan*, porque de dos viudos escrebimos una casa. Está este pueblo de *Ylamatlan* 37 leguas de México á la parte del norte : comulgan en él 110 personas.

La otra cabecera que se llama *Atlauezian* tiene siete estancias : está dos leguas de *Meztitlan*, y dista de México 23 leguas, á la parte del norte. Las casas que tiene son 400. Está repartida de esta manera.

La cabecera de *Atlauezian* tiene 100 : hay de confesion 240.

Mizquitlan 50 casas : hay de confesion 109 : dista media legua.

Xuchiquezalco 60 casas : hay de confesion 130 : dista un cuarto de legua.

Zapotitlan 25 casas : hay de confesion 54 : dista una legua.

Ueyaotipan 50 casas : hay de confesion 110 : dista media legua.

Tlachiquil 60 casas : hay de confesion 130 : dista una legua.

Tlauipeualpa 20 casas : hay de confesion 45 : dista legua y media.

Otzomezquitlan tiene 40 casas : hay de confesion 86 : dista media legua.

Estos son los pueblos de *Atlauezian*, en los cuales comulgan 50 ; pero se ha de avertir que estas dos cabeceras están metidas en medio de la masa de los pueblos de *Meztitlan*, y en los pueblos de *Meztitlan* van nombrados dos ó tres veces algunas estancias de un mesmo nombre, y no es yerro, sino que como hay muchas, algunas tienen el mismo nombre. Y esta es la noticia que sobre esto podemos dar ; y porque nuestro Padre Provincial mandó que fuese firmado, lo firmé de mi nombre. -Fr. Juan de Vera.

En el sobre : *Meztitlan* á la banda del norte- Arzobispado.

MALINALCO.

El pueblo de *Malinalco* está doce leguas de la cibdad de México y diez leguas de las minas de *Tasco*. En este pueblo tienen los religiosos de la orden de S. Agustin monasterio. Está la iglesia acabada y es de bóveda y con su retablo. El monasterio está tambien casi acabado, y es tambien de bóveda. Suèlen esfar en este monasterio cuatro religiosos. Hay al presente tres sacerdotes los cuales entienden la lengua destos indios, y les doctrinan en la ley de Dios, y les administran los sacramentos.

Este pueblo es tierra caliente : tiene dos mil tributarios, los cuales dan á S. M. la mitad del tribucto, y la otra mitad á Cristobal de Avalos, en quien está encomendada la mitad del pueblo, por hijo de conquistador.

Estos dos mil tributantes están en la cabecera del pueblo y sus estancias, situados en la manera siguiente.

En la cabecera del pueblo hay cuarenta barrios por sus calles. Y la iglesia y monasterio está en la mitad del pueblo, en los cuales barrios hay setecientos y 760 sesenta tributarios.

Tiene esta cabecera diez estancias en las cuales hay los demas tributarios al cumplimiento de los dos mill que son.

Santiago á una legua de la cabecera, tiene ciento y 120 veinte tributarios.

S. Pedro tiene ciento y cuarenta tributarios : á dos 140 leguas.

S. Andres á cuatro leguas de la cabecera, tiene 230 ducientos y treinta tributarios.

S. Gaspar á seis leguas de la cabecera tiene cuarenta 40 tributarios.

S. Guillermo, á seis leguas de la cabecera, tiene se-60 senta tributarios.

Sancta Mónica, á cuatro leguas de la cabecera, tiene 60 sesenta tributarios.

S. Nicolas de Tolentino, á tres leguas de la cabecera 80 tiene 80 tributarios.

S. Martin, á dos leguas de la cabecera, tiene ducien-230 tos treinta tributarios.

S. Miguel, á una legua de la cabecera, tiene ducien-200 tos tributarios.

S. Sebastian, á una legua de la cabecera, tiene ochen-80 ta tributarios ; que son los dos mill que tributan á 2.000 S. M. ; y al dicho Cristobal Rodriguez de Avalos dos mill pesos y mill hanegas de maiz en que están tasados.

Demas de estos dos mill tributarios hay otros cuatro cientos entrejeridos que se aumentan y disminuyen segun las enfermedades ó vejaciones que se ofrecen, de las cuales sobras pasan los salarios del gobernador y alcaldes y regidores y otros oficiales del pueblo y suplen las necesidades de los *tequios* que les dan en las obras de México y en su pueblo & y así están al presente los indios de este pueblo y subjectos quietos y en paz, por estar moderadamente relevados, asi en los tributos como en obras y trabajos corporales ; y lo estarian más si á las estancias que están seis leguas de esta cabecera y diez y ocho de México les relevasen de ir á servir á la ciudad de México, porque los mas son de tierra caliente y van por tierra fria padecen mucho y peligran hartos. No hay en esta provincia otra cosa que sea de avisar, porque es tierra fragosa y no muy fértil, sino que los indios son gente doméstica y obedientes á los religiosos y se confiesan cada año y cuando se casan y están enfermos. Y los religiosos los visitamos segun que se ofrecen las necesidades, y tenemos mucho cuidado de rogar á Dios por V. M. y por ellos. De *Malinalco* veinte y nueve de Enero de mill é quinientos y setenta é uno años- Fr. Juan de Tapia.

En el sobre : *Malinalco*. A la parte de medio dia. Arzobispado.

LISTA

de los pueblos de indios que están en el distrito y subjetos á la gobernacion de esta Nueva España, ansi del estado del Marques de Valle, como encomendados en personas particulares ; cada uno en que Obispado cae, y quien los posee, y los tributarios que tienen.

Obispado
México
Guaxaca
Tlascala
Mechoacan
Guaxaca

Las villas de *Cuaunabac, Guastepeque, Yaulepeque, Acapistla, Tepustlan, Toluca, Cuinacan, Atlacubaya,* todas en el Arzobispado de México, y *Guaxaca, Cuilapa, Etlajalapa, Tlacuilapacoya,* en el Obispado de *Guaxaca,* y *Tustla* é Costas é *Yscalpa,* por otro nombre la Rinconada, en el

Tienen estas villas 56,872 tributarios.

Obispado de *Tascala*, y *Matalcingo*, en el Obispado de *Mechoacan*, son todas del estado del Marques del Valle, confirmada merced por la real persona de S. M. Demas desto tenia el Marques del Valle la villa de *Teguantepec* que en el Obispado de *Guaxaca*, y en recompensa de dello, por cédula real, se le libró en la provincia de *Chalco* mill é quinientos é veinte é siete pesos de oro comun, y tres mill é cuatrocientas é sesenta é dos hanegas de maiz.

Tiene 7190 tribs. México.

La provincia de *Atucpa*, en el Arzobispado de México, fué encomendado en Rodrigo Gomez, conquistador primero tenedor, por cuya renunciacion en dote lo encomendó el virrey D. Antonio en Juan Guerrero, por casado con su hija y lo posee.

Te. 1526 tribs. Guaxaca.

Apuala, Quatlavista, Joxoquitipac en el Obispado de *Guaxaca*, fueron encomendados en Gonzalo de Robles, primero tenedor, por cuya muerte sucedieron en Garcia de Robles, su hijo, que lo posee.

Te. 7000 tribs. México.

Asuchitlan, en el Arzobispado de México, fué encomendado en Andres de Rozas, conquistador, primero tenedor, por cuya muerte sucedió en Andres de Rozas su hijo, que lo posee.

Te. 2800 tribs. Mechoacan.

Acámbaro, en el Obispado de *Mechoacan*, fué encomendado en Hernan Perez de Bocanegra, poblador, primero tenedor, por cuya muerte sucedió y lo posee Nuño de Chaves, su hijo segundo, porque el mayor casó con mujer que tenia otro repartimiento.

Te. 200 tribs. Guaxaca.

Atoyaquilo, en el Obispado de *Guaxaca*, fué encomendado en Juan Griego, conquistador é primero tenedor, y lo posee.

Te. 5200 tribs. México.

Atotonilco, en el Arzobispado de México, fué encomendado en Pedro de Paz, poblador primero tenedor, por cuya muerte sucedió en Da. Francisca Ferrer, su mujer, que despues casó con Pedro Gomez de Cázares, hijo segundo de Andres de Tapia, conquistador, sobre que trae pleito el fiscal, y está remitido.

Te. 1155 tribs. México.

La provincia de *Apazco*, en el Arzobispado de México, fué encomendado en Cristobal Hernandez, descubridor é conquistador, primero tenedor, por cuya muerte sucedió en Francisco Hernandez de Figueroa, su hijo, que lo posee.

Te. 740 México.

Acuyuca, en el Arzobispado de México, fué encomendado en Pero Hernandez de Navarrete, conquistador é primero tenedor, por cuya muerte sucedió en Garcia de Navarrete, su hijo, que tambien es difunto, é lo posee el hijo de este.

Pabastlan y *Acasucihtlan*, en el Obispado de *Tlascala*, fueron encomendados en Luis de la Torre poblador primero tenedor, por cuya muerte sucedio en Da. Luisa de Acuña, su mujer, que lo posee. Te. 3584 tribs.
Tlascala.

Xocotitlan é *Atlacomulco*, en el Arzobispado de México, fueron encomendados en Francisco de Villegas, poblador é primero tenedor, por cuya muerte sucedió en Manuel de Villegas, su hijo mayor, que lo posee. Te. 4422 tribs.
México.

Uruapa é *Xicaran*, en el Obispado de *Mechoacan*, fueron encomendados en Francisco de Villegas, poblador é primero tenedor, por cuya muerte é cédula real sucedió en ellos Pedro de Villegas, su hijo segundo, que lo posee. Te. 1700 tribs.
Mechoacan.

Xirosto, en el Obispado de *Michoacan*, fué encomendado en Francisco de Villegas, poblador, primero tenedor, por cuya muerte y cédula real sucedió en Francisco de Villegas, su hijo tercero, que lo posee. Te. 2500 tribs.
Mechoacan.

Ayutla y *Tutepeque*, en el Obispado de *Tlascala*, fueron encomendados en Francisco Lozano, conquistador primero tenedor, por cuya muerte sucedió en Francisco Lozano, su hijo, é lo posee. Te. 400 tribs.

Axacuba, en el Arzobispado de México, fué encomendado en Gerónimo Lopez, conquistador primero tenedor, por cuya muerte sucedió en Gerónimo Lopez su hijo, é lo posee. Te. 4365 tribs
México.

Açumtepeque, *Olintepeque*, *Coquitlan*, *Netepeque*, *Epuschitepeque*, *Tepexistepeque*, en el Obispado de *Guaxaca*, fueron encomendados en Francisco Flores, conquistador primero tenedor, por cuya muerte sucedieron en Francisco Flores su hijo, que lo posee. *Amatlan* y *Cuçamasemaca*, en el Obispado de *Tlascala*, fueron encomendados en Pedro Moreno, conquistador primero tenedor, por cuya muerte sucedieron en su hijo que los posee. Te. 800 tribs.
Guaxaca.

Te. 300 tribs.
Tlascala.

Achiutla, *Tecomostlauacc*, *Miquitla*, *Ocotepec*, *Tlacalpatepeque*, *Atlatlauca*, *Tlacultepeque*, *Atoyaque*, *Totolapilla*, *Coquila*, en el Obispado de *Guaxaca*, fueron encomendados en Francisco Maldonado, conquistador, primero tenedor, por cuya muerte sucedieron en Da. Isabel de Rojas, su mujer, que Te. 3000 tribs.
Guaxaca.

despues casó con D. Tristán de Arillano que los posee y ella es difunta.

Acamistlauaca y *Tecontepeque*, en el Arzobispado de México, fueron encomendados en bachiller Alonso Perez, conquistador primero tenedor, por cuya muerte sucedieron en Alonso Perez, su hijo, que lo posee.

Agueguetlan y *Abeuetlan*, en el Obispado de *Tlascala*, fueron encomendados en Cristobal de Soto, conquistador é primero tenedor, por cuya muerte sucedieron y lo posee Da. Maria de Carvajal, su hija.

Aculma en el Arzobispado de México, fué encomendado en Pedro de Solis, conquistador primero tenedor, por cuya muerte sucedió en Francisco de Solis, su hijo, que lo posee.

Atotoniltongo y *Çacamul*, en el Arzobispado de México, fueron encomendados en Maestre Diego de Pedraza, conquistador primero tenedor, por cuya muerte sucedieron en Melchor de Pedraza, su hijo, que lo posee.

Achachalitla, en el Obispado de *Tlascala*, fué encomendado en Diego de Porras, descubridor é conquistador, por cuya muerte sucedió en Maria de Porras, su hija, que lo posee Juan de Cuenca con quien casó.

Aculcingo é *Zoquitlan*, la mitad en el Obispado de *Tlascala*, fueron encomendados en Francisco de Montalvo, conquistador é primero tenedor, por cuya muerte sucedieron en Diego de Montalvo, su hijo, que lo posee.

Atlapulco, el Arzobispado de México, fué encomendado en el Comendador Leonel de Cervantes, conquistador primero tenedor, por cuya renunciacion en dote los encomendó el virrey D. Antonio en Alonso de Cervantes, su hijo, é por su muerte los posee Da. Catalina de Zárate, su mujer.

Xalatlaco, en el Arzobispado de México, fué encomendado en el Comendador Leonel de Cervantes, conquistador é primero tenedor, por cuya muerte lo poseyó mucho tiempo Da. Leonor de Andrada, su mujer, e por estar sus hijas casadas con personas que tenian indios ; y despues de viuda Da. Isabel de Lara, su hija mayor, la poseyó hasta que murió y agora su hijo Gaspar Alonso, sobre que pende pleito y está remitido, y tambien es difunta Da. Leonor de Andrada.

Ascapuzalco, en el Arzobispado de México, y *Chila é Mata-* Te. 2466 tribs.
Tlascala.
tlan el Obispado de *Tlascala*, fueron encomendados en el ade-
lantado D. Francisco de Montejo, conquistador é primero
tenedor, por cuya muerte sucedieron en Da. Catalina de Montejo su hija, que fué casada con el Lic. Maldonado y está viuda
y lo posee.

Tenamástlan, Atengo, Istlauaca, Tecolula, Ayutitlan, Te. 930 tribs.
Mechoacan.
Ayutla, en el Obispado de *Mechoacan*, la mitad fueron encomendados en Martin Monje, primero tenedor, por cuya muerte
sucedieron en su hijo y lo posee. Digo que es el Obispado
de *Jalisco*.

El *Agualulco* de la parte de Sn. Francisco é *Guaizulapa* y la Te. 600 tribs.
mitad de *Guazaqualco* fueron encomendados en Gonzalo Hernandez, conquistador é primero tenedor, por cuya muerte
sucedieron en Gonzalo Hernandez, su hijo, é lo posee

Aguaçatitlan, en el Obispado de *Mechoacan*, fueron enco- Te. 60 tribs.
Mechoacan.
mendados en Benito Gallego, primero tenedor, por cuya
muerte sucedió su mujer que despues caso con Diego de
Velazco, é lo poseen.

Alcoçani é Mistanejo, en el Obispado de *Mechoacan* fueron Te. 1008 tribs.
Mechoacan.
encomendados en Martin Ximenez, primero tenedor, por cuya
muerte sucedieron en Juan Ximenez, su hijo, y lo posee.

Apatlan y *Alimanci*, en el Obispado de *Mechoacan* fueron Te. 100 tribs.
Mechoacan.
encomendados en Diego Garrido, primero tenedor, por cuya
muerte sucedieron en su mujer, que despues casó con Francisco Presçiado, y por muerte de todos lo posee Juan Pres-
ciado, su hijo.

Amusgos, en el Obispado de *Guaxaca*, y la mitad de *Tulan-* Te. 500 tribs.
Guaxaca.
México.
cingo, en el Arzobispado de México, fueron encomendados en
Francisco de Avila, poblador é primero tenedor, por cuya
muerte sucedieron en Hernando de Avila, su hijo, é lo
posee.

La mitad de *Tulancingo* en el Arzobispado de México, é la La mitad
destos pue-
blos. Ten-
2527 tribs.Mé-
xico.
mitad de *Gualtepeque* y de *Asuchiquiçala*, en el Obispado de
Guaxaca, fueron encomendados en Francisco de Terrazas,
conquistador é primero tenedor, por cuya muerte sucedieron
en Francisco de Terrazas, su hijo, é lo posee.

La mitad de *Ygualtepeque* y de *Asuchiquiçala*, en el Obis- La mitad

destos pue-
blos.Ten. 285
tribs. Gua-
xaca.
pado de *Guaxaca*, fueron encomendados en Garcia de Aguilar,
conquistador é primero tenedor, é lo posee.

Te. 900 tribs.
México. Me-
choacan.
Acapulco, *Calcapotla*, *Xaltianguez*, *Cuyocaçitlala*, *Acama-
lutla* y *Acaulnaguala*, provincia de *Acapulco* en el Arzobispado
de México, é *Mascaltepeque* en el Obispado de *Mechoacan*,
fueron encomendados en Juan Rodriguez de Villafuerte, conquistador é primero tenedor, por cuya muerte sucedieron en
Da. Aldonza de Villafuerte, su hija, que despues casó con D.
Garcia de Albornoz que los poseen.

Tiene 1500
trs. México.
Çinacantepèque en el Arzobispado de México, fué encomendado en Juan de Sámano, poblador, por cuya muerte sucedió
é lo posee, Juan de Sámano, su hijo.

Te. 600. *Tlas-
cala*.
Chila en el Obispado de *Tlascala*, fué encomendado en Rodrigo de Baeza, poblador, por cuya renunciacion en dote con
una hija suya los encomendó el virrey D. Antonio en Lorenzo
Marroquino, que tambien es difunto, y lo posee su mujer é
hijos.

Te. 807 tribs.
México.
Tecuntepeque, en el Arzobispado de México, fué encomendado en Rodrigo de Baeza, poblador, primero tenedor, por
cuya muerte sucedió en Baltazar de Obregon, su hijo, que
tambien es difunto, y lo posee su hijo deste, nieto del primer
tenedor.

Te. 907 tribs.
México.
Çumpaguacan y *Soquicingo*, y mitad de *Tlacotepeque* en el
Arzobispado de México, fueron encomendados en Alonso de
la Serna, conquistador, primero tenedor, por cuya muerte
sucedieron en Antonio de la Serna que lo posee, como su hijo
que es.

Te. esta mi-
tad México
932 tribs.
Tlascala.
La mitad de *Tlalcotepeque* en el Arzobispado de México, y
la mitad de *Zapotitlan* é *Quiotepeque* y *Ecatitlan* en el Obispado de *Tlascala*, fueron encomendados en Gaspar de Garnica, conquistador é primero tenedor por cuya muerte sucedieron en Gaspar de Garnica, su hijo, que lo posee.

Tn. estas
mitades 2450
tribs. *Tlas-
cala*.
La mitad de *Zapotitlan* é *Quiotepeque* y *Ecatitlan* en el Obispado de *Tlascala*, fueron encomendados en Francisco de
Montaño, conquistador é primero tenedor, y lo posee.

Te. 1400
tribs.
Comanja é Naranja y *Pomacoran* y *Sebinan*, en el Obispado
de *Mechoacan*, fueron encomendados en Juan Infante, poblador é primero tenedor é los posee.

Cuitlauaca, en el Arzobispado de México, fué encomendado en Juan de Cuevas, poblador, primero tenedor, por cuya muerte sucedió en Alonso de Cuevas su hijo, é lo posee. Te. 1254 tribs.

Chicoloaua, en el Arzobispado de México, fué encomendado en el Lic. Pero Lopez, médico, poblador, primero tenedor, por cuya muerte sucedió en Gaspar Lopez, su hijo, que lo posee. Te. 280 tribs.

Chiquaque la tercia parte fué encomendada en Diego de Coria, conquistador é primero tenedor, por cuya muerte sucedió en Hernando de Coria, su hijo, é lo posee, y es en el Obispado de *Tlascala*. Te. 700 tribs. todo el pueblo *Tlascala*.

Ciquaque, en el Obispado de *Tlascala*, los dos tercios fueron encomendados en Francisco Ramirez conquistador, primero tenedor, por cuya renunciacion los encomendó el virrey D. Antonio en Pedro de Meneses, conquistador, é por su muerte sucedió en Pedro Bermudez su hijo, que lo posee. Te. los dichos 700 tribs. *Tlascala*.

Cuyoca, en el Obispado de *Michoacan*, fué encomendado en Pedro de Meneses, conquistador, primero tenedor, por cuya muerte y cédula real sucedió en Cristobal de Soto, su hijo segundo, que tambien es difunto, y lo poseen sus hijos deste. Te. 446 tribs. *Michoacan*.

Tequepilpa en el Arzobispado de México, fué encomendado en Francisco Ramirez, conquistador é primero tenedor, por cuya renunciacion los encomendó el virrey D. Antonio en Pedro de Meneses, conquistador, é por su muerte é cédula real, que sucedió en German de Meneses, su hijo tercero, y Da. Agustina su hija, por mitad, y lo poseen. Te. 413 tribs. México.

Zacatlan, en el Obispado de *Tlascala*, fué encomendado en Antonio de Caravajal, conquistador é primero tenedor, por cuya muerte sucedió en su hijo Antonio de Caravajal, su hijo é lo posee. Te. 3150 tribs. *Tlascala*.

Chiapa, en el Arzobispado de México, y *Mictlatongo* en el Obispado de *Guaxaca*, fueron encomendados en Gerónimo Ruiz de la Mota, conquistador, primero tenedor, por cuya muerte sucedieron en Antonio de la Mota, su hijo, é lo posee. Tn. 3624 tribs. México.

Zozola, en el Obispado de *Guaxaca*, fué encomendado en Sebastian de Grijalva, conquistador, primero tenedor, por cuya muerte sucedió en su hijo Antonio de Grijalva, que lo posee. Te. 600 tribs. *Guaxaca*.

Te. 206 tribs.
Tlascala.

Chocaman, en el Obispado de *Tlascala*, fué encomendado en Sebastian Rodriguez, conquistador, primero tenedor, por cuya muerte sucedió en Maria de Villanueva, su mujer, é lo posee.

Te. 80 tribs.
México.

Ecuyotla, en el Arzobispado de México, fué encomendado en Juan Romero, poblador, primero tenedor, por cuya muerte sucedió en Juan Romero, su hijo, y lo posee.

Te. 2150 tribs.
México.

Zacualpa y *Xacualcingo* y *Tenancingo* en el Arzobispado de México, fueron encomendados en Juan de Saucedo, conquistador é primero tenedor, por cuya muerte sucedieron en Pedro de Saucedo, su hijo, y lo posee.

Tn. 2550 tribs.
México. Me-
choacan.

Ecatepeque, Quatitlan, Acaluacan, en el Arzobispado de México, é *Ystapan*, por otro nombre *Tarimbaro*, en el Obispado de *Mechoacan*, fueron encomendados en Christóbal de Valderrama, poblador, primero tenedor : los de *Ecatepeque, Coatitlan* y *Alcauacan*, por casado con Da. Leonor Motezuma, hija del señor de México, encomienda perpetua, y los de *Ystapan* por si propio, é por su muerte sucedió en su hija legítima que casó con Diego Arias de Sotelo, que son difuntos todos, mujer é sus padres.

Te. 700 tribs.
México.

Çayanquilpa, en el Arzobispado de México, fué encomendado en Juan Navarro, conquistador, primero tenedor, por cuya muerte sucedió en su mujer viuda, que despues casó con Juan Bautista de Marin, y siendo viudo della, casó segunda vez con Da. Leonor Marin, y él es difunto, la cual é sus hijas los poseen, sobre que el fiscal trata pleito.

Te. 600 tribs.
México.

Coatlan, en el Arzobispado de México, fué encomendado en Juan Cermeño, conquistador, primero tenedor, por cuya muerte sucedió en su mujer que despues casó con Diego Perez de Zamora, y lo poseen.

Te. 1200 tribs.
México.

Chilaquatla, en el Arzobispado de México, fué encomendado en Juan de Avila, conquistador, primero tenedor, por cuya muerte sucedió en Juan de Cuellar Verdugo, su hijo, é lo posee.

Te. 1360 tribs.
México.

Chichiquatla y *Cuezala* y *Tlacotepeque*, en el Arzobispado de México, fueron encomendados en Francisco Rodriguez Magariño, conquistador é primero tenedor, por cuya muerte sucedieron en Juan Rodriguez, su hijo, que tambien es difunto, y lo posee Da. Polonia, su mujer, sobre que el fiscal trata pleito y está remitido.

Chicomesuchil, en el Obispado de *Guaxaca*, fué encomendado en Gaspar de Tarifa, primero tenedor, por cuya muerte sucedió en Diego de Vargas, su hijo, y lo posee. *Te. 550 tribs. Guaxaca.*

Zola é *Istlautla* en el Obispado de *Guaxaca*, fueron encomendados en Roman Lopez, conquistador, primero tenedor, por cuya muerte sucedió en Cristobal Lopez, su hijo, que lo posee. *Te. 800 tribs. Guaxaca.*

Cuzamala, en el Obispado de *Mechoacan*, y la mitad de *Teutenango*, en el Arzobispado de México, fueron encomendados en Juan de Burgos, conquistador y primero tenedor, por cuya renunciacion los encomendó el virrey D. Antonio en Francisco Vazquez Coronado, é por su muerte los posee Bernardino de Bocanegra, que casó con su hija mayor. *Tn. el pueblo de Cuzamala y la mitad de Teutenango 1550 tribs. Mechoacan.*

Chimaloacan, en el Arzobispado de México, encomendado en Juan de Cuellar, conquistador é primero tenedor, por cuya renunciacion lo encomendó el virrey D. Antonio en el Dr. Bustamante y lo posee. *Te. 1000 tribs. México.*

Cicapuzalco, en el Arzobispado de México, fué encomendado en Juan de Manzanilla, conquistador é primero tenedor, por cuya muerte sucedió en Juan de Caravallar, su hijo, y lo posee. *Te. 200 tribs. México.*

Cayutepex y *Tepeque*, en el Obispado de *Tlascala*, fueron encomendados en Juan Tello de Medrano, conquistador, é primero tenedor, por cuya muerte é meterse en religion su hijo, sucedió en la mujer que despues casó con Pedro Calderon y lo posee. *Tn. 500 tribs. México.*

La provincia de *Chilapa* y el pueblo de *Calpa*, en el Obispado de *Tlascala* fueron encomendados en Diego de Ordaz, poblador, é lo posee. *Tn. 6724 tribs. Tlascala.*

Zacotlan, en el Obispado de *Tlascala*, fué encomendado en Francisco de Oliveros, conquistador é primero tenedor, por cuya muerte sucedió en Martin de Oliveros, su hijo, y lo posee. *Te. 1000 tribs. Tlascala.*

La cabecera de *Tacuba* y los pueblos de *Cuyuacaque*, *Tebejuca* y *Capulhuaque* y el pueblo de *Macuilsuchil* y *Chapuluacan*, en el Arzobispado de México, fueron encomendados, lo de *Tacuba* é *Cuyuacaque* y *Tebejuca* y *Capulhuaque* en Da. Isabel Montezuma, hija del señor de México, encomienda per- *Tn. 6550 tribs.*

II. — 11

petua ; y *Macuilsuchil* y *Chapuluacan* en Juan Cano, su segundo marido y por muerte della y renunciacion de Juan Caño sucedieron la tercia parte de *Tacuba é Cuyuacaque* y *Tebejucay, Capuluaque,* y enteramente *Macuilsuchil* y *Chapuluacan* en Pedro Cano, su hijo y lo posee.

Véase el cap. de arriba.

Otra tercia parte de *Tacuba é Cuyuacaque, Tebejuca y Capuluaque* sucedieron en Gonzalo Cano, hijo de Juan Cano, conquistador y de Da. Isabel Motezuma, por la orden del capítulo de arriba y lo posee.

Idem.

La otra tercia parte de *Tacuba, Cuyuacaque, Tebejuca y Capuluaque* sucedió en Juan de Andrada, hijo de Da. Isabel Montezuma y de Alonso de Gallego, su primer marido, por la orden de los capítulos de arriba, y lo posee.

Te. todo el pueblo 1500 tribs. *Tlascala.*

Castilblanco, en el Obispado de *Tlascala,* fué encomendado la mitad en Bartolomé Hernandez, conquistador, primero tenedor, por cuya muerte sucedió en Hernando de Nava, su hijo, é lo posee.

Ydem. *Tlascala.*

La otra mitad de Castilblanco fué encomendado en Pedro de Vargas, poblador, primero tenedor, por cuya muerte sucedió en su hija, casada con Juan de Arriaga, que tambien son difuntos, y lo poseen sus hijos, nietos del primer tenedor.

Te. 7000 tribs. *Tlascala.*

Cachulaque, en el Obispado de *Tlascala,* fué encomendado la mitad en Pedro de Villanueva, conquistador é primer tenedor, por cuya muerte sucedió en Diego de Villanueva, su hijo, que lo posee.

Ydem. *Tlascala.*

La otra mitad de *Cachulaque* en el Obispado de *Tlascala,* fué encomendada en Gonzalo Rodriguez de la Magdelena, conquistador é primero tenedor, por cuya muerte sucedió en Alonso Coronado, su hijo é lo posee.

Te. 200.

Chiapulco, en el Obispado de *Guaxaca,* fué encomendado en Barrera, conquistador é primero tenedor, por cuya muerte sucedió en su hija, que despues casó con Esteban de Caravajal, y lo poseeɴ.

Te. 600. *Guaxaca.*

Chachuapa, en el Obispado de *Guaxaca,* fué encomendado en Juan de Benavides, primero tenedor, por cuya muerte sucedió en Nuflo de Benavides, su hijo, que lo posee.

Te. 856 tribs. México.

Cocula, en el Arzobispado de México, fué encomendado en Gonzalo Cerezo, conquistador, primero tenedor, por cuya muerte sucedió en Maria Despinosa, su mujer é lo posee.

Cempuala, las tres cuartas partes, en el Arzobispado de México, fué encomendado en Juan Perez de la Gama, conquistador é primero tenedor, por cuya renunciacion los encomendó el virrey D. Antonio en el Licienciado Sandoval, é por muerte deste sucedió y lo posee otro Licenciado Sandoval, su hijo. *Tienen estas tres partidas 400 tribs. México.*

Cacaguatepeque, en el Obispado de *Tlascala*, fué encomendado en Diego Pardo, conquistador, primero tenedor, por cuya muerte sucedió en Da. Ines de Leiva, su mujer, é lo posee. *Tiene 600 tribs. Tlascala.*

Teitiguacan, por otro nombre S. Juan, en el Arzobispado de México, y la mitad de Cuestalabaca, en el Obispado de *Oaxaca*, fueron encomendados en Francisco Verdugo, conquistador, primero tenedor, por cuya muerte sucedieron en Alonso de Bazan, por casado con su hija, que tambien son difuntos, y habian sucedido en Andres de Bazan, su hijo segundo, por ausencia del mayor; y siendo este difunto, se dieron por vacos á D. Luis de Velasco, en cuenta de la merced que S. M. le hizo; y agora por ejecutoria real del Consejo, se le quitaron y volvieron á D. Antonio Velazquez, hijo mayor de Alonso de Bazan, que lo posee. *Tiene el pueblo de Teitiguacan y la mitad de Cuestalabaca, Teutiguacan. México. Guaxaca. 1656 tribs. Y la mitad Cuestalabaca 1550.*

La otra mitad de Cuestalabaca en el Obispado de *Guaxaca*, fué encomendado en el Bachiller Sotomayor, conquistador é primero tenedor, por cuya muerte sucedió en Gaspar de Sotomayor, su hijo, que lo posee. *Te. esta mitad 1050 tribs. Guaxaca.*

Pachuca, en el Arzobispado de México, fue encomendado en el Bachiller Sotomayor, conquistador primero tenedor, por cuya renunciacion los encomendó el virrey D. Antonio en dote con una hija del primer tenedor en Antonio de la Cadena, poblador, que tambien son difuntos, y lo posee Baltasar de la Cadena, su hijo. *Te. 710 tribs. México.*

Calimaya, *Netepeque* y *Tepamaxalco*, en el Arzobispado de México, fueron encomendados en el Licenciado Altamirano, poblador, primero tenedor, por cuya muerte sucedieron en Hernan Gutierrez Altamirano su hijo, é lo posee. *Tn. 3834 trs. México.*

Chiapan, *Amatlan*, *Tezontlan*, *Cuzcatlan*, en el Obispado de *Mechoacan*, fueron encomendados en Jorge Carrillo, poblador, primero tenedor, por cuya muerte sucedieron en Alonso Carrillo, su hijo, y lo posee. *Tn. 3000 trils. Mechoacan.*

Colastençempoala, *Pechucalco*, é *Cuyotepeque*, en el Obispado de *Guaxaca*, fué encomendado en Bartolome Sanchez, conquistador é primero tenedor, é lo posee.

Tn. 500 tribs.
Guaxaca.

Çapotitlan y Estopilla en el Obispado de *Guaxaca*, fueron encomendados (*sic*) conquistador, por cuya muerte sucedió la mujer, que despues casó con Diego de Lizana, y los posee.

Te. 130 tribs.

Cacalapa y *Huiztlan*, *Coyoquila*, *Hiztlan*, en el Obispado de *Xalisco*, fueron encomendados en........... conquistador, primero tenedor, por cuya muerte sucedió en su mujer, que despues casó con Antonio de Hortega, y los posee.

Te. 135 tribs.

Çecamachantla, *Comala*, en el Obispado de *Mechoacan* fueron encomendados en fulano de Gamboa, conquistador, por cuya muerte sucedieron en su mujer, que despues casó con Alonso Carrillo, que tambien es difunto y lo posee su hijo.

Te. 150 tribs.
Mechoacan.

Cacaupisca, *Histapa*, *Tlaula*, en el Obispado de *Mechoacan*, fueron encomendados en Anton Sanchez, primero tenedor, por cuya muerte sucedieron en Anton Sanchez, su hijo, é los posee.

Te. 60 tribs.

Capulalpa, en el Obispado de *Guaxaca*, fué encomendado en Juan Nuñez Sedeño, conquistador, primero tenedor, por cuya muerte sucedió en Juan Nuñez, su hijo, é lo posee.

Te. 200.
Guaxaca.

Caluacan, en el Arzobispado de México, y *Tacámbaro* en el Obispado de *Mechoacan*, fueron encomendados en Cristobal de Oñate, poblador, primero tenedor, por cuya muerte sucedieron en D. Hernando de Oñate su hijo, y los posee.

Te. 1030 tribs.
México, Me-
choacan.

Çultepeque, en el Arzobispado de México, fué encomendado en Diego de Motrico, conquistador, primero tenedor, por cuya muerte sucedió en Ysabel Muñoz, su mujer, que despues casó con Gonzalo Hernandez, conquistador, que siendo viudo della casó segunda vez, é por su muerte lo posee Francisco Calvo, su hijo del postrer matrimonio.

Te. 417 tribs.
México.

Chocándiro, en el Obispado de *Mechoacan*, fué encomendado en Alvaro Gallego, conquistador, por cuya muerte sucedió en Leonor de la Peña, su mujer, que despues casó con Gonzalo Galvan, y lo poseen.

Te 400 tribs.
Mechoacan.

Epazayuca, en el Arzobispado de México, fué encomendado en Lope de Mendoza, poblador, primero tenedor, por cuya

Te. 1330 tribs.
México.

muerte sucedió en Da. Francisca del Rincon, su mujer, y lo posee.

Etlatongo y *Guautla*, y la mitad de *Tamazola* y de *Çocontepeque*, en el Obispado de *Guaxaca*, fueron encomendados en Juan de Valdivielso, conquistador, primer tenedor, por cuya muerte sucedió en Juan de Valdivielso, su hijo, y lo posee.

Tiene el pueblo de Tlantongo y Guautla y la mitad de Tamazola y Çocontepeque 727 tribs. Guaxaca.

La mitad de *Tlamazola* y *Çocontepeque*, en el Obispado de *Guaxaca*, fueron encomendados en Alonso de Contreras, conquistador é primero tenedor, por cuya muerte sucedieron en Garcia de Contreras, su hijo, y lo posee.

. . . .

Elosuchitlan, en el Obispado de *Tlascala*, fué encomendado en Juan Duran, conquistador é primero tenedor, por cuya muerte sucedió en Da. Luisa de Frias, su hija, y lo posee.

Te. 400. Tlascala.

Huayacocotla, en el Arzobispado de México, fué encomendado en Guillen de la Loa, conquistador é primero tenedor, por cuya muerte posee la mitad Da. Ysabel de Alavarado, su mujer.

Te. todo el pueblo 2050 tribs. México.

La otra mitad de *Guayacocotla* fué encomendado en Guillen de la Loa é por su muerte se adjudicó á Gomez de Alvarado, su hijo, que tambien es difunto, y lo posee su hijo deste.

Ydem.

Guatepeque y la mitad de *Uquila*, en el Arzobispado de México, fueron encomendados en Serván Bejarano, conquistador é primero tenedor, por cuya muerte sucedieron en Da. Francisca Calderon, su mujer, que despues casó con Diego de Ocampo, y lo poseen.

Te. el pueblo de Guatepeque 500 tribs. y Uquila, digo la mitad. 902. México.

La otra mitad de *Uquila*, en el Arzobispado de México, y el pueblo de *Ocotlan*, en el Obispado de *Guaxaca*, fueron encomendados en Pedro Zamorano, conquistador, primero tenedor, por cuya muerte sucedieron en Nicolas de Arrazola, su hijo, é lo posee.

Te. la mitad de Uquila y el pueblo de Ocotlan 1923 tribs. México.

Guachinango y *Ucelotepeque*, en el Arzobispado de México, fueron encomendados en Alonso de Villanueva, conquistador, primero tenedor, por cuya muerte sucedieron en Agustin de Villanueva, su hijo, y lo posee.

Te. 2900 tribs. México.

Guaguacintla y *Quaquacintla*, en el Obispado de *Tascala*, fueron encomendados en Lucas Gallego, conquistador, pri-

Te. 60 tribs. Tlascala.

mero tenedor, por cuya muerte sucedieron en su hijo, que los posee.

Te 550 tribs. Guaxaca.

Guatulco y *Ocotepeque*, en el Obispado de *Guaxaca* fueron encomendados en Francisco Gutierrez, primero tenedor, por cuya muerte sucedieron en Diego Gutierrez, su hijo, que tambien es difunto, y lo posee su hija, que es nieta del primer tenedor.

Tn.3070 tribs. México.

Guepustla, Tlacotlapilco y *Tiangueztongo*, en el Arzobispado de México, fueron encomendados la mitad en Pedro Valenciano, conquistador é primero tenedor, por cuya muerte sucedieron en Da. Maria Garao, su hija, que despues casó con el Dr. Frias de Albornoz, y lo poseen.

Ydem.

La otra mitad de *Guespustla, Tlacotlapilco* y *Tiangueztongo* fueron encomendados en Anton Bravo, conquistador é primero tenedor, por cuya muerte sucedieron en Anton Bravo, su hijo, y lo posee.

Te. 400 tribs. Guaxaca.

Guesfepeque, Cuelçatapeque, Teutalco, en el Obispado de *Guaxaca*, fueron encomendados en Juan Enamorado, conquistador, primero tenedor, por cuya muerte sucedieron en su hija, que despues casó con Luis Alvarez, y lo posee Luis Velazquez, con quien casó por muerte de Luis Alvarez.

Te. 800 tribs. dor.

Guaçalinco, en el Arzobispado de México, fué encomendado en Juan Rodriguez, poblador, primero tenedor, por cuya renunciacion los encomendó el virrey D. Antonio en Gabriel de Aguilera, y lo posee.

Tn. 845 tribs. Mechoacan.

Guango é *Purándiro*, en el Obispado de *Mechoacan*, fueron encomendados en Juan de Villaseñor, poblador, primero tenedor, y lo posee.

Tn.1500 tribs. México.

Utlatlan y *Huiçuco*, en el Arzobispado de México, fueron encomendados en Isidro Moreno, conquistador é primero tenedor, pr cuya muerte sucedieron en Bernardino de Casasola, su hijo, é lo posee.

Tn. 600 tribs. Guaxaca.

Guautla y *Nanautiquipaque*, en el Obispado de *Guaxaca*, fueron encomendados en Juan Navarro, conquistador primero tenedor, por cuya muerte sucedieron en Melchor Castañon, por casado con su hija, y lo poseen.

Tn. 800 tribs. Tlascala.

Hizcatlan y *Xicayan*, por otro hombre Sn. Antonio, en el Obispado de *Tascala*, fueron encomendados en Juan Lopez de

Ximena, conquistador primero tenedor, por cuya muerte sub-
cedieron en Pedro de Nava su hijo, que tambien es difunto,
y lo posee Pedro de Nava, su hijo deste, nieto del primer tenedor.

Estapuluca, en el Arzobispado de México, fué encomendado
en Juan de Cuellar, conquistador, primero tenedor, por cuya
muerte lo posee Martin de Cuellar, su hijo, sobre que el fiscal
trae pleito por haber muerto el hijo mayor, y está remitido. ・   *Te. 640 tribs.* *México.*

Ylamatlan y *Atleuiçian*, en el Obispado de *Tascala* y *Tama-*
sunchal en el Arzobispado de México, fueron encomendados
en Juan de Cervantes, poblador, primero tenedor, por cuya
muerte sucedieron en Leonel de Cervantes, su hijo, y lo
posee.   *Tn. 1550 tribs.* *México.*

Yndapiarapeo, en el Obispado de *Mechoacan*, fué encomendado en Francisco Morcillo, conquistador, primero tenedor,
por cuya muerte sucedió en Gaspar Morcillo, y lo posee.   *Te. 370 tribs.* *Mechoacan.*

Iquixitlan, en el Obispado de *Tascala*, fué encomendado en
Francisco Velazquez de Lara, conquistador, primero tenedor,
que lo posee.   *Te. 550 tribs.* *Tlaxcala.*

Yzcatsiaque, por otro nombre *Ayocincipal*, en el Obispado
de *Guaxaca*, fué encomendado en Pierrez Gomez, conquistador, primero tenedor, por cuya muerte sucedió en Baltazar
Mexia, su hijo, y lo posee.   *Te. 300 tribs.* *Guaxaca.*

Ixtlan, en el Obispado de *Guaxaca*, fué encomendado en
Alonso Martin Muñoz, conquistador, primero tenedor, por
cuya muerte sucedió en Juan Fernandez de Mérida, su hijo,
y lo posee.   *Te. 400 tribs.* *Guaxaca.*

Ixcatlan, en el Obispado de *Guaxaca*, fué encomendado en
Rodrigo de Segura, conquistador, primero tenedor, por cuya
muerte sucedió en su mujer viuda, que lo posee.   *Te. 800 tribs.* *Guaxaca.*

Istapa, en el Obispado de *Mechoacan*, fué encomendado en
Gonzalo Gomez, poblador, primero tenedor, por cuya muerte
sucedió en Amador Gomez y lo posee como su hijo que es.   *Te. 600 tribs.* *Mechoacan.*

Ixtayuca, por otro nombre *Puetla*, en el Obispado de *Tas-*
cala, fué encomendado en Rodrigo de Castañeda, conquistador, primero tenedor, por cuya muerte sucedió en Rodrigo de
Castañeda su hijo, y lo posee.   *Te. 550 tribs.* *Tlascala.*

Ilotepeque, en el Obispado de Guaxaca, fué encomendado en   *Te. 400 tribs.* *Guaxaca.*

fulano de Castellanos, primero tenedor por cuya muerte sucedió en Alonso de Castellanos, su hijo, y lo posee.

Te. 600 tribs. Mechoacan. *Iloli,* por otro nombre *Chinaya, Cinacamitlan, Xolotlan, Umitlan, Miaguatlan, Apapatlan, Chiamilpatla, Xinaltatepe, Nocanticlan,* en el Obispado de *Mechoacan,* fueron encomendados en Alonso de Arevalo, que fué primero tenedor, por cuya muerte sucedieron en Pedro de Arevalo, su hijo, y lo posee.

Tn. 260 tribs. Guaxaca. *Istactepeque* y *Chicanastepeque,* en el Obispado de *Guaxaca,* fueron encomendados en Alonso Morcillo, primero tenedor, por cuya muerte sucedió en su mujer viuda que lo posee.

Guaxaca. La mitad de *Coatlan, Miaguatlan, Xutla é Molonga* en el Obispado de *Guaxaca,* fueron encomendados en Martin de Mojaraz, conquistador, primero tenedor, por cuya muerte sucedieron en Mateo de Monjaraz, su hijo, y lo posee.

Tn. todos estos pueblos 4000 tribs. La otra mitad de *Coatlan, Miaguatlan, Xutla* y *Molonga* fueron encomendados en Alonso de Paz, poblador, primero tenedor, por cuya renunciacion en dote con una sobrina, los encomendó el virrey D. Antonio, en Diego de Loaisa, y este los renunció en Alonso de Loaisa, su hijo, que los posee por título del Real Consejo.

Te. 500 tribs. Mechoacan. La *Guacana,* en el Obispado de *Mechoacan,* fué encomendado en Juan de Pantoja, conquistador é primero tenedor, por cuya muerte sucedió en Pedro Pantoja, su hijo, y lo posee.

Te. 250 tribs. Mechoacan. La *Guaba* y *Cuyuca,* en el Obispado de *Mechoacan,* fueron encomendados en Pedro Ruiz de Guadalcanal, primero tenedor, por cuya muerte sucedieron, en Francisco de Castrejon, por casado con su hija, y tambien es difunto y lo posee ella y sus hijos.

Tn. estos pueblos 9650 tribs. México. La mitad de *Mestitan, Tenango* y *Cuezalatengo,* en el Arzobispado de México, fueron encomendados en Alonso Lucas, conquistador é primero tenedor, por cuya renunciacion los encomendó el virrey D. Antonio en Alonso de Mérida y por su muerte los posee Francisco de Mérida, su hijo.

Lo de arriba, México. La otra mitad de *Mestitan, Tenango* y *Cuezalatengo,* en el Arzobispado de México, fueron encomendados en Andres de Barrios, poblador, primero tenedor, por cuya muerte y renunciacion en dote, sucedieron en Da, Ysabel de Barrios, su hija ?

mujer que fué de D. Diego de Guevara, y los posee y por pleito con Andres de Barrios fué adjudicado la tercia parte desta mitad por pinsion á Miguel Diaz, poblador, el cual tambien es difunto y posee esta pinsion Da. Luisa de Aux, casada con D. Rodrigo Maldonado.

Mistepeque en el Obispado de *Tascala*, fué encomendado en Alonso Garcia Bravo, conquistador, primero tenedor, por cuya muerte sucedió en Melchor Xuarez, por casado con su hija y lo poseen. Te.1070 tribs.
Tlascala.

Mascalcingo, en el Obispado de *Tlascala*, fué encomendado en Alonso de Benavides, conquistador y primero tenedor, por cuya muerte sucedió en Maria de la Torre, su mujer, que lo posee, porque Da. Antonia de Benavides su hija está casada con Antonio Ruiz de Castañeda, que tiene encomienda de indios. Te/1300 tribs.
Tlascala.

Micaostoque en el Obispado de *Tlascala*, fué encomendado en Anton Martin Breba, primero tenedor, por cuya muerte sucedió en su mujer, y lo posee es muy poca cosa. Te. 30 tribs.
Tlascala.

Muchimaloya, en el Arzobispado de México, fué encomendado en Juan de Zamudio, conquistador, primero tenedor, por cuya muerte sucedió en su mujer que despues casó con Alonso Velazquez, y lo poseen. Te.1547 tribs.
México.

Macuiltianguez y *Cusmiquila*, en el Obispado de *Guaxaca*, fueron encomendados en Juan Rodriguez de Salas, conquistador, primero tenedor, por cuya muerte sucedieron en Sebastian de Salas, su hijo, y lo posee. Tn. 500 tribs.
Guaxaca.

La mitad de *Jujupango* y *Matlactonatico*, en el Obispado de *Tascala*, fueron encomendados en Diego de Villapadierna, poblador, primero tenedor por cuya muerte sucedió y lo posee Diego de Padierna, su hijo. Tn. estos
pueblos 800
tribs. *Tlas-*
cala.

La otra mitad de *Jujupango* y *Matlactonatico*, en el Obispado de *Tascala*, fué encomendado en Alonso de Avila, conquistador, por cuya renunciacion en dote con una hija, los encomendó el virrey D. Antonio en Gonzalo de Salazar, é los poseen. La mitad
de lo de arri-
ba. *Tlascala.*

Mispan y *Naguala*, en el Obispado de *Mechoacan*, fueron encomendados en Martin de Monjaraz, primero tenedor, por cuya muerte sucedieron en Martin de Monjaraz, su hijo, y los posee. Tn. 80 tribs.
Mechoacan.

Te. 80 tribs.
Mechoacan.

Mechoacan, en la provincia de *Guaçaqualco*, Obispado de *Oaxaca*, fué encomendado en Bernal Diaz, primero tenedor, por cuya muerte sucedió en su hija que despues casó con Juan de Fuentes, y lo posee.

Te. 25 tribs.
Mechoacan.

Mictlan, en el Obispado de *Mechoacan*, fué encomendado en fulano Correas, por cuya muerte sucedió en su mujer, que despues casó con Hernan Martin, y lo poseen.

Te. 40 tribs.
Guaxaca.

Miaguatlan y *Guatepeque*, en el Obispado de *Guaxaca*, fué encomendado en (*sic*) primero tenedor, por cuya muerte sucedieron en Teresa Mendez, su mujer, que lo posee.

Tn. 230 tribs.
Guaxaca.

Monzapa, *Macatlan*, *Chacalapa*, *Colcautla*, en el Obispado de *Guaxaca*, fueron encomendados en Juan Lopez de Frias, primero tenedor, y lo posee.

Tn.   es:os
pueblos 600
tribs.

La mitad de *Mincapa*, en el Obispado de *Guaxaca*, fueron encomendados en Juan de España, primero tenedor, por cuya muerte sucedió en su mujer viuda y lo posee.

Lo de arri-
ba más 100
tribs.Guaxa-
ca.

La otra mitad de *Mincapa*, en el Obispado de *Guaxaca*, fueron encomendados en Gonzalo Rodriguez de Villafuerte, primero tenedor y los posee ; y *Pangololutla* y *Chilloyaque*, y *Matlacoya*, en el Obispado de *Tascala*, fueron encomendados en Pedro Maldonado, conquistador é primero tenedor, por cuya muerte sucedieron en Da. Maria del Rincon, su mujer, que despues casó con el dicho Gonzalo Rodriguez, que posee ambas encomiendas.

Te. 220 tribs.
Guaxaca.

Mistecas y *Chinameca*, en el Obispado de *Guaxaca* fueron encomendados en Cristobal de Herrera, poblador, primero tenedor, por cuya muerte sucedieron en Cristobal de Herrera, su hijo, y lo posee.

Tn. estos
pueblos 172
tribs.

Milpa y *Manatal* y *Xiquitlan*, la mitad de todo, fueron encomendados en Rodrigo Guipuzcano, primero tenedor, por cuya muerte sucedieron en Francisco Guipuzcano, su hijo, que tambien es difunto, y lo posee su hija, que es nieta del primer tenedor.

Te. 645 tribs.
México.

Mesquique, en el Arzobispado de México, fué encomendado en Bartolome de Zarate, poblador, primero tenedor, por cuya renunciacion en dote los encomendó el virrey D. Antonio en su hija, que casó con Gil Ramirez de Avalos, que agora reside en las provincias del Pirú, y los posee un hijo suyo porque ella es difunta.

Miaguatlan y *Chiconaluya*, en el Obispado de *Tlaxcala* fueron encomendados en Melchor de Arevalo, conquistador, primero tenedor, por cuya muerte sucedieron en su mujer, que despues casó con Juan Valiente que lo posee y ella es difunta. *Te. 35 tribs. Tlaxcala.*

Nespa, en el Obispado de *Guaxaca*, fué encomendado en Gutierre de Badajoz, conquistador, primero tenedor, por cuya muerte sucedió en Gabriel de Chaves, su hijo, y lo posee. *Te. 123 tribs. Guaxaca.*

Nochetepeque y *Pilcaya*, en el Arzobispado de México, fué encomendado en Juan de Cabra, conquistador, primero tenedor, por cuya muerte sucedieron en Maria de Herrera, su mujer, que lo posee. *Te. 750 tribs. México.*

La mitad de *Nestalpa*, en el Arzobispado de México, fué encomendado en Pedro Moreno, conquistador primero tenedor, por cuya muerte sucedió en Pedro Moreno, su hijo, que lo posee. *Tiene todo el pueblo 820 tribs. México.*

La otra mitad de *Nestalpa* fué encomendada en Juan Galindo, conquistador por cuya muerte sucedió en su hija, que está casada con Pedro de Valdovinos, y lo poseen. ....

Ometepeque y *Chutistlauaca*, en el Obispado de *Guaxaca*, fueron encomendados en Francisco de Herrera, poblador, primero tenedor, por cuya muerte sucedieron en Gonzalo Hernandez de Herrera, su hijo, que los posee. *Te. 1070 tribs. Guaxaca.*

Igualapa, en el Obispado de *Guaxaca*, fué encomendado en Francisco de Orduña, conquistador, primero tenedor, por cuya renunciacion en dote con una hija, los encomendó el virrey D. Antonio en Bernardino del Castillo, antiguo poblador y lo posee. *Te. 750 tribs. Guaxaca.*

Tecalco, por otro nombre Santiago, en el Obispado de *Tascala*, fué encomendado en Francisco de Orduña, conquistador, primero tenedor, por cuya muerte sucedió y lo posee Josepe de Orduña, conquistador, primero tenedor, por cuya muerte sucedió y lo posee Josepe de Orduña, su hijo. *Te. 5473 tribs. Tlascala.*

Ocholubusco, en el Arzobispado de México, y *Quamutitlan* y la cuarta parte de la provincia de *Tlapa*, en el Obispado de *Tascala*, fueron encomendados en Bernardino Vazquez de Tapia, descubridor, conquistador y primero tenedor, por cuya *Tienen Ocholubusco y Quamutitlan y la cuarta parte del pueblo de Tlapa 3355 tribs.*

muerte, sucedieron y los posee Bernardino Vazquez, su hijo.

La mitad de *Tlapa* tiene 2760 tribs. México.

La mitad de la provincia de *Tlapa*, en el Obispado de *Tascala*, fué encomendado en Da. Marina de la Caballeria, mujer del tesorero Alonso de Estrada, por cuya renunciacion en dote los encomendó el virrey D. Antonio en Da. Beatriz de Estrada, su hija, é en Francisco Vazquez Coronado, con quien casó y agora lo posee Luis Ponce de Leon por casado con su hija.

Te. 500 tribs. Guaxaca.

Utatitlan, en el Obispado de *Guaxaca*, fué encomendado en Juan de Limpias, conquistador, primero tenedor, por cuya muerte sucedió en su hijo y lo posee.

Te. 528 tribs. México.

Ostuma y *Alaustlan*, en el Arzobispado de México fueron encomendados en Blas de Monterroso, conquistador primero, por cuya muerte sucedieron en Dª Francisca de Xexa, que despues casó con Juan del Aguila que los posee y ella es difunta.

Te. 1000 tribs. Guaxaca.

Olutla y *Chacalapa*, *Tetiquipa*, *Cuyutepeque*, *Jaltipa*, *Tequecistepeque*, *Acayuca*, mexicanos de *Acayuca*, en el Obispado de *Guaxaca*, fueron encomendados en Luis Marin, conquistador, primero tenedor, por cuya muerte sucedieron en Francisco Marin su hijo, que tambien es difunto, y los posee su hijo deste nieto del primer tenedor.

Te. 220 tribs. Mechoacan.

Ocotlan, *Oclipanabasta*, y *Jiroma*, en el Obispado de *Mechoacan*, fueron encomendados en Juan de Setiens, primero tenedor y lo posee.

Te. 160 tribs. Mechoacan.

Ostutla, en el Obispado de *Mechoacan*, fueron encomendados en un fulano de Heredia, primero tenedor, por cuya muerte sucedió en su mujer, que despues casó con Juan Alcalde, y lo poseen.

Te. 500 tribs.

Oxitiquipa, en el Arzobispado de México, fué encomendado en Francisco Varron, primero tenedor, por cuya muerte sucedió en Francisco Varron, su hijo, y lo posee.

Te. 300 tribs. Tlaxacala.

Papacotiquipaque, en el Obispado de *Tascala*, *Tlaculultepeque*, en el Arzobispado de México, fueron encomendados en Luis de la Torre, poblador, primero tenedor, por cuya renunciacion los encomendó el virrey D. Antonio en Juan de la Torre, su sobrino y los posee.

Te. 600 tribs. Tlascala.

Tuzapan, *Tuspa* y *Papantla*, en el Obispado de *Tascala*, fueron encomendados en Andres de Tapia, conquistador, primero tenedor, por cuya muerte sucedieron en Cristobal de Tapia, su hijo, y lo posee.

Pomayagua, en el Obispado de *Mechoacan*, fué encomendado en Juan Burrieço, primero tenedor, por cuya muerte sucedió en su hijo, y lo posee. Te. 25 tribs.
Mechoacan.

Puetla, en el Obispado de *Guaxaca*, fué encomendado en Antonio Aznar, conquistador, primero tenedor, por cuya muerte sucedió en Antonio Aznar, su hijo y lo posee. Te. 300 tribs
Guaxaca.

Popoyutla, en el Obispado de *Mechoacan*, fué encomendado en Juan de Almesto, primero tenedor, por cuya muerte sucedió en su hijo y lo posee. Te. 20 tribs.
Mechoacan.

Petlatlan, en el Obispado de *Mechoacan*, fué encomendado en Gines de Pinzon, conquistador y primero tenedor, por cuya muerte sucedió en su mujer que despues casó con Hernando de Gamboa, y lo posee. Te. 40 tribs.
Mechoacan.

Periban y *Tepeguacan*, en el Obispado de *Mechoacan* fueron encomendados en Antonio Caicedo, conquistador é primero tenedor, por cuya muerte sucedieron en Da. Marina Montesdoca, su mujer, y los posee. Te. 1400 tribs.
Mechoacan.

Tascaltitan, en el Arzobispado de México, fué encomendado en Anton Caicedo, conquistador é primero tenedor, por cuya muerte se pusieron en la real corona y en recompensa del *Teguandin* y *Tacascuaro*, en que habia sucedido la mujer, se le encomendó este, y por ella en Francisco de Chaves su marido, y por conciertos los dieron en dote con Da. Catalina de Chaves, su hija, á D. Pedro de Castilla, y lo posee, sobre que hay pleito. Te. 1509 tribs.
México.

Pungarabato, en el Obispado de *Mechoacan*, fué encomendado en Pedro de Bazan, poblador, primero tenedor, por cuya muerte fué encomendado en Hernando de Bazan, y lo posee, como su hijo que es. Te 600 tribs.
Mechoacan.

Guatepeque y *Guauyulichan*, y la mitad de *Taimeo*, en el Obispado de *Guaxaca*, fueron encomendados en Gaspar de Avila, quien es conquistador primero tenedor, por cuya muerte sucedieron en Pedro de Avila, su hijo, y lo posee. Te. 400 tribs.
Guaxaca.

Suchitepec, en el Obispado de *Tascala*, fué encomendado en Juan de Morales, conquistador, primero tenedor, por cuya muerte sucedió en Da. Ana de Aguero, su mujer, y lo posee. Te. 150 trs.
Tlaxcala.

Suchitlan y *Milpancingo* é *Guatepeque*, en el Obispado de Ten. 350 tribs.
Guaxaca.

Guaxaca, fueron encomendados en Gaspar de Hita, primero tenedor, por cuya muerte sucedieron en Gaspar de Hita, su hijo, y lo posee.

Tasmalaca é Maynola, en el Arzobispado de México, fueron encomendados en Juan de Cisneros, conquistador primero tenedor, por cuya muerte sucedieron en Mateo Vazquez, su hijo, y los posee.

Tepetlauztoque, en el Arzobispado de México, y *Taximaroa*, en el Obispado de *Mechoacan*, fueron encomendados en el fator Gonzalo de Salazar, poblador, primero tenedor, por cuya muerte sucedieron en Juan Velazquez de Salazar, su hijo, y los posee.

Tlamaco, en el Arzobispado de México, fué encomendado en Ana de Ségura, y por ella en Juan Catalan su marido ; é siendo viuda deste se casó con Gerónimo Tria, y por muerte de ambos sucedió en Gerónimo Tria, su hijo, y lo posee.

La mitad de *Tequisquiaca*, en el Arzobispado de México, fué encomendado en Martin Lopez, conquistador, primero tenedor, y lo posee.

La otra mitad de *Tequisquiaca* fué encomendado en Diego Gutierrez, conquistador, primero tenedor, por cuya muerte sucedió en Mayor Gutierrez, su hija, que casó con Go. Portillo, y lo poseen.

Tiquitipaque, en el Arzobispado de México, fueron encomendados en Francisco Quintero, conquistador, primero tenedor, por cuya renunciacion los encomendó el virrey D. Antonio en Juan de La Pena Vallejo ; y por muerte deste sucedió en Juan de Vallejo, su hijo, que tambien es difunto, y lo poseen su mujer é hijos.

Taxiaco y *Chicanastla*, en el Obispado de *Oaxaca*, y *Xilocingo*, en el Arzobispado de México, fueron encomendados en Martin Vazquez, conquistador, primero tenedor, por cuya muerte sucedieron en Francisco Vazquez Lainez, que tambien es difunto y los posee Matia Vazquez, su hijo, que es nieto del primer tenedor.

La mitad de *Tanchinol* y *Cuimatlan* en el Arzobispado de México, fueron encomendados en Alonso Ortiz de Zùñiga, conquistador, primero tenedor, por cuya muerte sucedieron en Alonso Ortiz, su hijo, y los posee.

La otra mitad de *Tanchinol* y *Cuimatlan*, fueron encomendados en Gerónimo de Medina, poblador, primero tenedor, por cuya muerte sucedieron en Jerónimo de Medina, su hijo, que tambien es difunto, y los posee D. Ána de Medina, su hija, que es nieta del primer tenedor. ... .

Tepespa y *Tamascalapa*, en el Arzobispado de México, fueron encomendados á Jerónimo de Medina, poblador, primero tenedor, por cuya renunciacion en dote con Da. Ines de Vargas, su hija, los encomendó el virrez D. Antonio en el comendador Baeza, y por muerte de este los posee Jerónimo de Vaca, su hijo. *Te.1579 tribs. México.*

Tututepeque y *Nopala*, en el Obispado de *Guaxaca*, fué encomendado en D. Luis de Castilla, poblador y primeró tenedor, y los posee. *Tn.3463 tribs. Oaxaca.*

Tetela, en el Arzobispado de México, fué encomendado en Juan de Mansilla, conquistador primero tenedor, por cuya renunciacion los encomendó el virrey D. Antonio en Francisco Rodrigues de Guadalcanal, y los posee. *Te. 643 tribs. México.*

Guacachula y *Tepapayeca* y *Mecatitlan* y la mitad de *Guaspaltepeque*, en el Obispado de *Tlascala*, fueron encomendados en Jorge de Alvarado, conquistador, primero tenedor, por cuya muerte sucedieron en D. Jorge de Alvarado, su hijo, que tambien es difunto, y los posee D. Jorge de Alvarado hijo deste, que es nieto del primer tenedor. *Tienen estos pueblos y la mitad de Guaxpaltepeque 2260 tribs. Tlascala.*

Tanistla, en el Arzobispado de México, fué encomendado en Alonso de Mendoza, poblador, primero tenedor, por cuya muerte sucedió en Leonor de Andrada, su mujer, que despues casó con el Lic. Aleman, y ella es difunta, y lo posee él. *Te. 119 tribs. México.*

Tepexuxuma, en el Obispado de *Tascala*, fué encomendado en Martin de Calahorra, conquistador, primero tenedor, por cuya muerte sucedió en Cristobal de Acunada, su hijo, y lo posee. *Te. 800 tribs. Tlascala.*

Tlacotepeque, en el Obispado de *Guaxaca*, fué encomendado en Gabriel Bosque, primero tenedor, por cuya muerte sucedió en Juan Bosque, su hijo, y lo posee. *Te. 150 trs.*

Te. la mitad 527 tribs. Mexico.

La mitad de *Tocaliyuca*, en el Arzobispado de México, fué encomendado en Alonso Perez de Zamora, conquistador, primero tenedor, por cuya muerte sucedió en Alonso de Zamora, su hijo, y lo posee.

Tv. 600 tribs. México.

Tepecuacuilco, en el Arzobispado de México, fue encomendado en Hernando de Torres, conquistador, primero tenedor, por cuya muerte sucedió en Dª Bernerdina de Torres, su hija, que despues (casó) con Luis Delgado, y lo poseeɴ.

Te. esta mitad 433 tribs. México.

Taquilpa, en el Arzobispado de México, fué encomendado en Andres Lopez y Hernan Medel, primeros tenedores, por cuya renunciacion los encomendó el virrey D. Antonio en el Lic. Tellez, y por su muerte sucedió en Manuel y Diego Tellez, sus hijos y por muerte de Diego Tellez se puso la mitad en la Real Corona, y la otra mitad posee Manuel Tellez.

Tn. 800 tribs. *Tlascala*.

Tepeltutulla y *Tecxuacan*, en el Obispado de *Tascala*, fueron encomendados en Bartolome Roman, conquistador primero tenedor, por cuya muerte sucedieron en su mujer que despuɐs casó con Francisco de Reinoso, y lo posee, y ella es difᴜnta.

Te.1555 tribs. México.

Tachichilpa, en el Arzobispado de México, fué encomendado en Alonso de Avila, conquistador, primero tenedor, por cuya muerte sucedió en Antonio de Avila, su hijo y lo posee.

Te.4000 tribs. *Tlascala*.

Tututepeque, en el Obispado de *Tlascala*, fué encomendado en Manuel Tomas, poblador primero tenedor por cuya renunciacion los encomendó el virrey D. Antonio en Diego Rodriguez Orozco su hijo, y los posee.

Te.1672 tribs. *Tlascala*.

Tamazulapa, en el Obispado de *Tascala*, fué encomendado en Juan Xuarez, poblador primero tenedor, por cuya muerte sucedió en Luis Xuarez, su hijo, y los posee.

El pueblo de *Tlanalapa* y la mitad de *Tatatelcotin*, 767 tribs. *Tlascala*.

Tlanalapa, en el Arzobispado de México, y la mitad de *Tatactetelco*, en el Obispado de *Tascala* fueron encomendados en Diego de Ocampo, poblador, primero tenedor, por cuya muerte y cédula real se encomendaron en D. Ramiro de Arellano, que casó con una hija natural del Diego de Ocampo, y son difuntos marido ó mujer : poséelo D. Alonso de Arellano, su hijo, que es nieto del primer tenedor.

El pueblo de *Talistaca* y *Uztutiquepaque* con la mitad de *Ta-*

Talistaca y *Uztutiquepaque*, en el Arzobispado de México, y la mitad de *Tatactetelco* fueron encomendados en Diego de Ocampo, poblador, primero tenedor, por cuya muerte y cédula real los encomendó el virrey D. Antonio en Juan Velazquez Rodriguez, por casado con hija natural del Diego de Ocampo, y lo posee.

tacletelco tienen 3868 tribs. México.

Tecamachalco, en el Obispado de *Tascala*, fué encomendado en Alonso Valiente, poblador, primero tenedor, por cuya muerte sucedió en Da. Melchora Pellicel, su mujer, que despues casó con D. Rodrigo de Vivero y lo poseen.

Te. 8700 tribs. *Tlascala.*

Tezuatlan, en el Obispado de *Guaxaca*, fué encomendado por el Virrey D. Antonio en Martin de Peralta, por cuya muerte sucedió y lo posee Da. Beatriz de Zayas, su mujer.

Te. 500 tribs. *Guaxaca.*

Tianguezteco, en el Arzobispado de México, fué encomendado en Alonso Gutierrez de Badajoz, conquistador, primero tenedor, por cuya muerte sucedió en su mujer que despues casó con Francisco Temino y lo poseen.

Te. 600 trs. México.

Tenanpulco, en el Obispado de *Tascala*, fué encomendado en Diego Valades, conquistador, primero tenedor, y lo posee.

Tie. 150 trs.

Tepetitlan, en el Arzobispado de México, fué encomendado en Bartolome Gomez, conquistador, primero tenedor, por cuya muerte sucedió en su hija, que despues casó con Juan de Azpitia, y lo poseen.

Te. 766 tribs. México.

Tescalco y Çacapo, en el Obispado de *Michoacan*, fué encomendado en Hernando de Xerez, conquistador, primero tenedor, por cuya muerte sucedieron en su hija, que despues casó con Gonzalo de Avalos y lo poseen.

Te. 1000 tribs. *Mechoacan.*

La mitad de *Tezcatepeque*, en el Arzobispado de México, fué encomendado en Francisco de Estrada, conquistador, primero tenedor, por cuya muerte sucedió en Andres de Estrada, su hijo, que lo posee.

Te. todo el pueblo 3071 tribs México.

La otra mitad de *Tezcatepeque*, en el Arzobispado de México, fué encomendado en Alonso Martin Xara, primero tenedor, por cuya renunciacion los encomendó el Virrey D. Antonio en Cristobal Cabezon, conquistador, é lo posee.

....

Tlalpotongo en el Obispado de *Tascala*, fué encomendado en Tomas de Rijoles, primero tenedor, por cuya renunciacion los encomendó el Virrey D. Antonio en Jorge Gonzalez y por su muerte lo posee un hijo suyo.

Te. 10 tribs *Tlascala.*

Tlapanaloya, en el Arzobispado de México, fué encomen-

Te. 150 tribs México

dado en Juan Diaz del Real, por cuya muerte sucedió en Melchor de Chaves, su hijo, que la posee.

La mitad de *Turicato*, en el Obispado de *Mechoacan*, fué encomendado en Diego Hernandez Nieto, conquistador y primero tenedor, y lo posee.

Temoaqueça, Gualpa, Guaculco, Tlacotepeque, en el Arzobispado de México, fueron encomendados en Francisco de Solis, conquistador, primero tenedor por cuya muerte sucedieron en Miguel de Solis, su hijo, y lo posee.

Tlacuacintepeque, y *Tleomaltepeque* y *Tecpa* é *Contemeltepeque*, en el Obispado de *Guaxaca*, fueron encomendados en Francisco de Leiva, conquistador, primero tenedor, por cuya muerte sucedieron en Diego de Leiva, su hijo, que tambien es difunto, y lo poseen su mujer del hijo, casada con Alonso de Olivares.

Tequecistepeque y *Nanaltepeque* en el Obispado de *Guaxaca*, fueron encomendados en Melchor de San Miguel, conquistador, primero tenedor, por cuya muerte sucedieron en Maria de Godoy, su mujer, y lo posee.

Tiltepeque y *Xaltepetongo*, en el Obispado de *Guaxaca*, fueron encomendados en Jerónimo de Salinas, primero tenedor, por cuya muerte sucedieron en Agustin de Salinas su hijo, y lo posee.

Totolapa, en el Obispado de *Guaxaca*, fueron encomendados en Antonio de Villarruel, primero tenedor por cuya muerte sucedió en Francisco de Villarruel, su hijo, y lo posee.

Tepexicuapan, en el Obispado de *Tascala*, fué encomendado en Alvaro Guerrero, conquistador y primero tenedor, por cuya muerte sucedió en su hija que despues casó con Andres Tello y lo poseen.

Totomiguacan, en el Obispado de *Tascala*, fué encomendado en Alonso Galeote, conquistador, primero tenedor, por cuya muerte sucedió en su hijo que tambien es difunto y lo posee su hijo deste.

Tepexintlazpa, en el Arzobispado de México, fué encomendado en Sebastian Moscoso, conquistador, primero tenedor, por cuya muerte sucedió en Juan de Moscoso, su hijo, y lo posee.

Tenesquipaque y *Taniagua*, en el Arzobispado de México, fué encomendado en Juan de Villagomez, primer tenedor y lo posee. Te. 250 trs.
México.

Toliman, en el Obispado de *Mechoacan*, fué encomendado en Alonso Martin, conquistador é primero tenedor é lo posee. Te. 80 trs.
Mechoacan.

Tenespa, en el Obispado de *Guaxaca*, fué encomendado en Sebastian de Grijalva, primero tenedor, por cuya muerte sucedió en su hija, que despues casó con Melchor de Robles, y lo poseen. Te. 302 trs.
Guaxaca.

Tlacavastla y *Almolonja*, en el Obispado de *Jalisco*, fueron encomendados en Francisco de Santos, primero tenedor, por cuya muerte sucedieron en su hijo, y los posee. Te. 30 trs.
Jalisco.

Ucelotepeque, en el Obispado de *Guaxaca*, fueron encomendados en Alonso Ruiz, poblador y primero tenedor, por cuya muerte sucedieron en Andres Ruiz de Rosas, su hijo, y los posee. Te. 600 trs.
Guaxaca.

Huitzllan, en el Obispado de Mechoacan, fué encomendado en Gonzalo Varela, primero tenedor, por cuya muerte sucedió en Ana de Porras, su mujer, que despues casó con Andres Hurtado y lo poseen. Te. 60 trs.
Mechoacan.

Xiquipilco, en el Arzobispo de México, fué encomendado en Pedro Muñoz, Maeso de Roa, poblador, primero tenedor, é lo posee. Te. 3500 trs.

La mitad de *Tequicistlan* y *Totolcingo*, en el Arzobispado de México, y la mitad de *Xicayan* en el Obispado de *Guaxaca*, fueron encomendados en Juan de Tovar, conquistador, por cuya muerte sucedieron en Hipólito Tovar, su hijo, y lo posee. Te. mitad 210 trs.
México.

La otra mitad de *Xicayan*, en el Obispado de *Guaxaca*, fué encomendado en Francisco Guillen, conquistador, primero tenedor, por cuya muerte sucedió en Cristobal Guillen, su hijo, y lo posee. Te. esta mitad 135 tribs.
Guaxaca.

Xipacoya, en el Arzobispado de México, fué encomendado en Lorenzo Payo, conquistador, primero tenedor, por cuya muerte sucedió en Da. Ysabel Payo, su hija, que despues casó con Juan de Xasso y lo posee. Te. 2182 trs.
México.

Xicaltepeque, en el Obispado de *Tascala*, fué encomendado en Pedro Castellar, conquistador, primero tenedor, por cuya Te. 50 trs.
Tlascala.

muerte sucedió en Da. Antonia de Leon, su hija, que despues casó con Diego de Esquivel, y lo posee.

Te. toda la provincia 18335 trs. Mechoacan.

La mitad de la provincia de *Xilotepeque*, fué encomendado en Juan Xaramillo, conquistador, primero tenedor, por cuya muerte sucedió en Da. Maria Xaramillo, su hija, que casó con D. Luis de Quesada, que lo posee y ella es difunta.

....

La otra mitad de la provincia de *Xilotepeque* fué encomendada en el dicho Juan de Xaramillo, conquistador primero tenedor, por cuya muerte sucedió en Dª Beatriz de Andrada, su mujer, que despues casó con D. Francisco de Velasco y lo poseen.

Te. 1000 trs. México.

Xumultepeque, en el Arzobispado de México, fué encomendado en Alonso Descobar, poblador, primero tenedor, por cuya muerte sucedió en Da. Francisca de Loaisa, su mujer, que despues casó con Antonio Velazquez, que lo posee y ella es difunta.

Te. 1584. Guaxaca.

Xaltebeque, en el Obispado de *Guaxaca*, fué encomendado en Angel de Villafana, poblador primero tenedor, por cuya muerte sucedió en Juan de Villafana, su hijo, y lo posee.

Te. 100 trs. Guaxaca.

Jotlapa é *Quinamulapa*, en el Obispado de *Guaxaca*, fueron encomendados en Juan Martin.

Te. 826. México.

Tonacustla, en el Arzobispado de México, fué encomendado en Gonzalo Hernandez de Mosquera, conquistador primero tenedor, que lo posee.

Te. 923. Guaxaca.

Zacatepeque, en el Obispado de *Guaxaca*, fué encomendado en Rafael de Trejo, conquistador é primero tenedor por cuya muerte sucedió en Rafael de Trejo y lo posee.

Ten. 2602 trs. México.

Chuapa, en el Arzobispado de México, y *Tistla* y *Muchistlan* y *Uzilitepeque*, en el Obispado de *Tascala*, fueron encomendados en Martin Dircio, conquistador primero tenedor, por cuya muerte sucedieron en Da. Maria Dircio, su hija, casada con D. Luis de Velasco, y lo poseen; y demas desto posee el dicho D. Luis de Velasco el pueblo de *Xapusco* en el Arzobispado de México, que fué encomendado en Francisco de Santa Cruz, conquistador, primero tenedor, por cuya muerte habia sucedido en Alvaro de Santa Cruz, su hijo, que por muerte deste se dio por vaco y entregó al dicho D. Luis en cuenta de la merced que S.M. le hizo de seis mill ducados sobre el valor de la encomienda de su suegro ; y por la misma razon se le adjudicó el pueblo de *Tultitlan*, en el Arzobispado de México, que fué encomendado en Bartolome de Perales poblador, primero tenedor, por cuya muerte sucedió en Antonia Hernandez, su mujer, que despues casó con Juan de Moscoso ; y por muerte de ambos y por vaco se dió al dicho D. Luis ; y por la mesma razon posee el pueblo de *Guizco*, en el Obispado de *Mechoacan*, que fué encomendado en Gonzalo Ruiz, poblador, por cuya muerte habia sucedido en Da. Juana de Torres, su mujer, que tambien es difunta, sin sucesor ; y por la mesma razon se le adjudicó al dicho D. Luis el pueblo de *Iciguatlan*, en el Obispado de *Tascala*, que habia sido encomendado en Gregorio de Villalobos, conquistador, primero tenedor, y por su muerte habia sucedido en su hijo, que es difunto sin sucesor ; y por la misma causa se le adjudicó el pueblo de *Tecaxique*, en el Arzobispado de México, que fué encomendado en Juan de Olvera, conquistador primero tenedor, por cuya muerte habia sucedido en Juan de Olvera, su hijo, que tambien es difunto sin sucesor ; con todo lo cual, ansi lo que fuere encomendado en el suegro, como lo que le ha sido adjudicado por muerte de las personas arriba declaradas, se le cumplieron los seis mill ducados de renta en encomienda de que S. M. le hizo merced.

Yanguitlan, en el Obispado de *Guaxaca*, fué encomendado en Francisco de las Casas, poblador primero tenedor, por cuya muerte sucedió en Gonzalo de las Casas, su hijo, y lo posee. Tn. 4184. *Guaxaca*.

La mitad de *Mesquiahuala*, en el Arzobispado de México, fué encomendado en Pablos de Retamales, conquistador, primero tenedor, por cuya muerte sucedió en Melchor de Contreras, su hijo, y lo posee. Te. esta mitad 400 trs. México.

La mitad de *Marinalco*, en el Arzobispado de México, fué encomendado en Cristobal Rodriguez, conquistador, primero tenedor, por cuya muerte sucedió en Cristobal Rodriguez, su hijo, y lo posee. Te. esta mitad 1000 tribs. México.

Tlanocopan, en el Arzobispado de México, fué encomendado en Lorenzo Xuarez, conquistador, primero tenedor, que por cierto delito se pusieron en la real corona, y por ejecutoria del Real Consejo se restituyeron en Gaspar Xuarez, su hijo, que Te. 600 trs. México.

tambien es difunto y lo posee su hijo deste, que es nieto del primer tenedor.

Teucalhuican y *Cacuyoca*, en el Arzobispado de México, fueron encomendados en Da. Marina de la Caballeria, mujer del tesorero Alonso Destrada, por cuya muerte y sentencias de esta Real Audiencia, sucedió y lo posee Da. Luisa Destrada, su hija.

La mitad de *Gualinchan*, en el Obispado de *Tlaxcala*, fué encomendado en Juan Perez de Arriaga, conquistador primero tenedor, por cuya muerte sucedió en Juan Perez, su hijo, y lo posee.

La mitad de *Guaxuapa*, en el Obispado de *Guaxaca* fue encomendado en Juan de Arriaga, conquistador primero tenedor, por cuya muerte sucedió en Juan de Arriaga, su hijo, y lo posee.

La mitad de *Tehuacan*, en el Obispado de *Tascala* fué encomendado en Juan de Alianis, conquistador, primero tenedor, por cuya muerte sucedió en Antonio Ruiz de Castañeda, su hijo, y lo posee.

La mitad de *Teupantlan*, en el Obispado de *Tascala*, fué encomendado en Alonso Gonzales, conquistador primero tenedor, por cuya muerte sucedió en Da. Ysabel de Bolaños, su mujer, y lo posee.

Marinaltepeque, en el Obispado de *Guaxaca*, fué encomendado en Francisco de Aguilar, conquistador primero tenedor, por cuya muerte sucedió en su mujer, que despues casó con Bartolomé Tosino, tambien conquistador, que asimismo es difunto, y lo posee ella.

La mitad de *Utaln*, en el Obispado de *Jalisco*, fué encomendado en Hernan Ruiz, conquistador, primero tenedor, por cuya muerte sucedió en su hija, que despues casó con Gaspar de Tapia y lo poseen.

La mitad de *Amacuecayca* y *Ulaicocula* y *Atoyaque* y *Axxixique* y *Jocotepeque* y *Tepeque* y *Chacapa* y *Tlayelula*, y *Teocuitlantlan* y *Zacualco*, pueblos que llaman de Avalos, en el Obispado de *Xalisco*, fueron encomendados en Alonso de Avalos, poblador, primero tenedor, y los posee.

La meitad de *Hepatlan* y *Necustla*, en el Obispado de *Tlas-*

Tn. 2922 trs.
México.

Te. esta mitad 1284 trs.
Tlaxcala.

Te. esta mitad 334 tribs.
Guaxaca.

Te. esta mitad 1500 trs.
Tlascala.

Te. esta mitad 262 tribs.
Tlascala.

Te. esta mitad 300 tribs.
Guaxaca.

Te. esta mitad 341 trs.
Xalisco.

Tn. estas mitades 3167 trs. *Xalisco*.

Te. esta mitad 365 trs.
Tlascala.

cala, fué encomendado en Juan de Herrera, conquistador primero tenedor, é lo posee.

Jutlabuca, en el Obispado de *Tascala*, fué encomendado en Bartolome de Valdes, primero tenedor por cuya muerte sucedió en Maria de Valdes, su mujer que despues casó con Francisco Valades, y lo posee.

Te. 231 tribs. *Tlascala.*

La mitad de *Piastla*, en el Obispado de *Tlascala*, fué encomendado en Francisco de Olmos, conquistador primero tenedor y lo posee.

Te. esta mitad 355 tribs. *Tlascala.*

La mitad de *Talcocautitlan*, en el Obispado de *Tascala*, fué encomendado en Vasco Porcallo, conquistador, primero tenedor, por cuya muerte sucedió en Lorenzo Porcallo, su hijo, y lo posee.

Te. esta mitad 691 tribs. *Tlascala.*

Tanataro, en el Obispado de *Mechoacan*, fué encomendado en Diego de Ma, primero tenedor : es vivo y lo posee.

Te. 377 tribs. *Mechoacan.*

La mitad de *Xicayan*, en el Obispado de *Guaxaca*, fué encomendado en Pedro Nieto, conquistador, primero tenedor, y lo posee.

Te. esta mitad 120 tribs. *Guaxaca.*

Tlamatol y *Suacaccuasco*, en el Arzobispado de México, fueron encomendados en *Carrascosa*, poblador, por cuya muerte sucedieron en Beatriz Ruiz, su mujer, que despues casó con Rodrigo de Orduña, que todos son difuntos y los posee su hija de Rodrigo de Horduña, casada con Navarrete.

Tn. 120 tribs. México

Tamasunchal, en la Provincia de *Pánuco*, y Arzobispado de México, fué encomendado en Juan Acedo, poblador, primero tenedor, por cuya muerte sucedió en su hijo y lo posee.

Te. 40 tribs. México.

Moyutla y *Uzuluama*, en el Arzobispado de México, fueron encomendados en Gregorio de Saldaña, poblador primero tenedor, por cuya muerte sucedieron en Maria de Campo, su mujer, y lo posee.

Te. 100 trs. México.

Metatepeque y *Tantoyma*, en el Arzobispado de México, fueron encomendados en Marcos Ruiz, conquistador, por cuya muerte sucedieron en Beatriz Descobar, su mujer, que despues casó con Pedro de Fuentes, que tambien es difunto y ella y un hijo del segundo matrimonio los poseen, y con licencia es ida á España.

Te. 1130 trs. México.

Tenacusco, en el Arzobispado de México, fué encomendado en Torquemada, poblador primero tenedor, por cuya muerte

Te. 400 trs. México.

sucedió en Francisca de Vargas, su mujer, que despues casó con Rodrigo Vezos, que lo posee, y ella es difunta.

Te. 600 trs. México.

Tantala, Tanpacayal y *Topila*, en el Arzobispado de México, fueron encomendados en Cristobal de Ortega, poblador primero tenedor, por cuya muerte sucedieron en Da. Catalina Maldonado, su mujer, que despues casó con Diego de Torres, de quien quedó un hijo que los posee porque todos los demas son difuntos.

Tn. 800 trs. México.

Chalchitlan, Chalchiguautla, y *Picula,* en el Arzobispado de México, fueron encomendados en Sepúlveda, poblador, primero tenedor, por cuya muerte sucedieron en su mujer, que despues casó con Francisco de Torres, que los posee, y ella es difunta.

Te. 600 trs. México.

Cuzcatlan, en el Arzobispado de México, fueron encomendados en Diego Gutierrez, conquistador primero tenedor, por cuya muerte sucedieron en Juan Sanchez Cordero, por casado con su hija, que todos son difuntos, poséelo Alonso Montano, su hijo, que es nieto del primer tenedor.

Te. 50 trs. México.

Tampuchi en el Arzobispado de México, fué encomendado en Cristobal de Frias, poblador, primero tenedor, por cuya muerte sucedió en Cristobal de Frias, su hijo, y lo posee.

Te. 30 trs. México.

Tanta en el Arzobispado de México, fué encomendado en Hector Mendez, poblador, primero tenedor, por cuya muerte sucedió en Juan Mendez, su hijo, y lo posee.

Te. 30 trs. México.

Tantoyeque, en el Arzobispado de México, fué encomendado en Melchior Rodriguez, poblador, primero tenedor, por cuya muerte sucedió en Melchior Rodriguez, su hijo, y lo posee.

Te. 20 trs. México.

Tanpacaa, en el Arzobispado de México, fué encomendado en Juan Gallegos, poblador, primero tenedor, por cuya muerte sucedió en su mujer, que despues casó con Juan Rodriguez del Padrón, que tambien es difunto y lo posee ella.

Te. 15 trs. México.

Chachanal y *Tampalache,* en el Arzobispado de México, fueron encomendados en Lucas Ginoves, poblador primero tenedor, por cuya muerte sucedieron en Alonso Ginoves, su hijo, que tambien es difunto y lo posee la mujer del mozo.

Te. 15 trs. México

Tamantli, Cayulastamoz, en el Arzobispado de México, fueron encomendados en Vicencio Corzo, poblador, por cuya muerte sucedieron en Francisco Corzo, su hijo, y lo posee.

Tanchana, en el Arzobispado de México, fué encomendado de Diego Castañeda, poblador, primero tenedor, por cuya muerte sucedió en su mujer, que despues casó con Jerónimo de Mercado, y lo posee y ella es difunta. Te. 30 trs.
México.

Tantuana y *Tanto-oque*, en el Arzobispado de México, fueron encomendados en Juan de Fuentes, poblador, primero tenedor, por cuya renunciacion los encomendó el virrey D. Antonio en Juan Fernandez Caro, por casado con una entenada suya : todos son difuntos, y los posee un hijo de Juan Fernandez. Te. 50 tribs
México.

Tecetuco, en el Arzobispado de México, fué encomendado en Juan de Busto, y lo posee. Te. 50 trs.
México.

Calpan, *Tomalol* y *Chila*, en el Arzobispado de México, fueron encomendados en Benito de Cuenca, conquistador, primero tenedor, por cuya muerte sucedieron en Pedro de Cuenca, que tambien es difunto y lo posee su mujer é hijos deste. Tn. 50 trs.

Tantomol, en el Arzobispado de México, fué encomendado en Gonzalo de Avila, conquistador y primero tenedor y lo posee. Te. 50 trs.
México

Tamalacuaco y *Talecuen*, en el Arzobispado de México, fueron encomendados en Alvaro de Rivera, primero tenedor, por cuya muerte sucedieron en Alvaro de Rivera, su hijo, y los posee. Ten. 100 trs.
México.

Paquelan y *Tantoilan* y *Tantocha* y *Tanpasqui*, en el Arzobispado de México, fueron encomendados en Pedro Hernandez, poblador, por cuya muerte sucedieron en su mujer que despues casó con Alonso de Quiros, y lo poseen. Tn. 100.
México.

Tanhuicin, *Tanzuitantui*, en el Arzobispado de México, fueron encomendados en Juan de Villanueva, primero tenedor, por cuya muerte sucedieron en Antonia Vazquez, su mujer, y lo posee. Tn. 58 trs.
México.

Tantolontoyoco y *Tancamalnonco*, en el Arzobispado de México, fueron encomendados en Alonso Garcia, poblador, primero tenedor, por cuya muerte sucedieron en Hernan Garcia, su hijo, que tambien es difunto y lo posee su mujer de Hernan Garcia. Tn. 50 trs.
México

Taxicui, en el Arzobispado de México, fué encomendado en Lúcas Xinobes, por cuya muerte sucedió en Alonso de Alva- Te. 30 trs.
México.

rado, su hijo, que tambien es difunto y lo posee su mujer.

Tancaxual, en el Arzobispado de México, fué encomendado en fulano de Paita, poblador, primero tenedor, por cuya muerte sucedió en Antonio de Paita, su hijo, y lo posee.

La mitad de *Tanchipa*, en el Arzobispado de México fué encomendado en Cristobal Maldonado, poblador é primero tenedor, por cuya muerte sucedió en Cristobal Maldonado, su hijo, y lo posee.

Tepequepaçanqualco, en el Obispado de *Guaxaca*, fué encomendado en Alvaro Manzano, poblador primero tenedor, por cuya muerte sucedió su hijo, y lo posee.

Acayastepeque, y *Catoan* y *Metlaltepeque* en el Obispado de *Guaxaca*, fueron encomendados en Barrera, poblador, primero tenedor por cuya muerte sucedió en Ines Cornejo, su mujer, y lo poseen.

Cacalotepeque, en el Obispado de *Guaxaca*, fué encomendado en Anton Miguel, conquistador y primero tenedor, por cuya muerte sucedió en Diego Miguel, su hijo, y lo posee.

Marinaltepeque, en el Obispado de *Guaxaca*, fué encomendado en Francisco del Aguila, poblador y primero tenedor, por cuya muerte sucedió en Francisco del Aguila, su hijo, y lo posee.

Totolinga en el Obispado de *Guaxaca*, fué encomendado en Francisco de Saldaña, poblador primero tenedor, por cuya muerte sucedió en su mujer viuda é lo posee.

Xareta, en el Obispado de *Guaxaca*, fué encomendado en fulano de Çorita, poblador, primero tenedor por cuya muerte sucedió en su mujer viuda é lo posee.

Cultepeque cogio *Teutitlan*, en el Obispado de *Guaxaca*, fueron encomendados en Marcos de Paredes, poblador primero tenedor, por cuya muerte sucedieron en Francisca de Grijalva, su mujer, y los posee.

La mitad de *Tiltepeque*, en el Obispado de *Guaxaca*, fué encomendado en Alonso de Ojeda, conquistador, primero tenedor, y lo posee.

Ayacastla y *Madobaque* y *Nobaa*, en el Obispado de *Guaxaca*, fué encomendado en Gonzalo Ximenez, conquistador, primero tenedor, por cuya muerte sucedió en su mujer viuda, y lo posee.

Andaama y *Suchitepeque*, en el Obispado de *Guaxaca*, y *Guayatepeque*, en el dicho Obispado, fueron encomendados en Alonso Diaz de Caravajal, primero tenedor, por cuya muerte sucedieron en Juan de España, su hijo, y lo posee. Te. 150 trs.

Amoltepeque, en el Obispado de *Guaxaca*, fué encomendado en Juan de Bonilla, poblador primero tenedor, por cuya muerte sucedió en su hija, y lo posee. Te. 60 trs. *Guaxaca.*

Lazagaya, en el Obispado de *Guaxaca*, fué encomendado en Francisco Franco, poblador primero tenedor y lo posee. Te. 40 trs.

Tlapanala, en el Obispado de *Guaxaca*, y *Chigila*, en el mesmo Obispado, fueron encomendados en Bartolome de Alcántara, primero tenedor, por cuya muerte sucedieron en Daniel de Alcántara, su hijo y lo posee. Te. 250 trs. *Guaxaca.*

Ocotapeque y *Xuautla* y *Macatepeque* y *Acatepeque* é *Quezaltepeque*, en el Obispado de *Guaxaca*, fueron encomendados en Juan Bautista de Oliver, poblador primero tenedor, por cuya muerte sucedieron en Juan Bautista Oliver, su hijo, y lo posee. Tn. 450 trs. *Guaxaca.*

La cuarta parte de *Petlapa* y *Açitoabela* y *Lobani* en el Obispado de *Guaxaca*, fueron encomendados en Juan Antonio, poblador é primero tenedor, y lo posee. Te. esta cuarta parte 350 trs. *Guaxaca.*

Chichina, en el Obispado de *Guaxaca*, fué encomendado en Francisco de Tarifa, conquistador, primero tenedor, y lo posee. Te. 50 trs. *Guaxaca.*

Tenlotepeque, en el Obispado de *Guaxaca*, fué encomendado en Leon Sanchez, poblador primero tenedor por cuya muerte sucedió en su mujer viuda, y lo posee. Te. 150 trs. *Guaxaca.*

Mexitlan, *Izcuintepeque*, *Toalla*, *Xucuila*, y *Achat* en el Obispado de *Guaxaca*, fueron encomendados en Juan Garcia de Lemos, poblador primero tenedor, por cuya muerte sucedieron en su hija que despues casó con Juan de Aldaz, y lo poseen. Tn. 600 trs. *Guaxaca.*

Ocotepeque, *Mochoton*, *Ayulustepeque*, *Xayacastepeque*, en el Obispado de *Guaxaca*, fueron encomendados en Francisco Gutierrez, poblador, primero tenedor, por cuya muerte sucedieron en Francisco Gutierrez, su hijo, y lo posee. Tn. 350 trs. *Guaxaca.*

Y *Achave*, *Sococho*, *Mestepeque* y *Asache* y *Ahayaguçe*, en Tn. 350 trs. *Guaxaca.*

el Obispado de *Guaxaca*, fueron encomendados en Juan Martin, conquistador, primero tenedor y lo posee.

Te. 50 trs.
Mechoacan.

Xicotlan, en el Obispado de *Mechoacan*, fué encomendado en Juan de Aguillar, conquistador primero tenedor, por cuya muerte sucedió en Cristobal de Solórzano, su hijo, y lo posee.

Te. 50 trs.
Xalisco.

Giquipiltan, en el Obispado de *Xalisco*, fué encomendado en Chauarin, conquistador primero tenedor por cuya muerte sucedió en Anton Chavarin, su hijo y lo posee.

Te. 20 trs.
Mechoacan.

Xapotica, en el Obispado de *Mechoacan*, fué encomendado en Sebastian de Evora, conquistador, primero tenedor, por cuya muerte sucedió en Alonso de Evora, su hijo, y lo posee.

Te. esta mitad
100 trs.
Mechoacan.

Cuyuquila, en el Obispado de *Mechoacan*, fué encomendado en Diego Ruiz, poblador primero tenedor, por cuya muerte suce lió en Juan Ruiz de Mendoza, su hijo, y lo posee.

Tn. 200 trs.
Tlaxcala.

Chalapa, Yolicana, en el Obispado de *Tlascala*, fueron encomendados en Juan Coronel, conquistador primero tenedor, por cuya renunciacion posee el ingenio que fué de D. Francisco de Mendoza el pueblo de *Olicana*, é por su testamento se restituye al sucesor de Juan Coronel, pagando lo que por él habia dado, y por muerte de Juan Coronel, sucedió en este derecho y en la encomienda de *Chalapa*, Matia Coronel, su hijo, y lo posee.

SON por todos 368.802 tributarios los que están encomendados.

ÍNDICE

———

CARTAS DE RELIGIOSOS

Lista de los pueblos de indios que están en el distrito y subjetos
á la gobernacion de esta Nueva España, ansi del estado del Marques del
Valle, como encomendados en personas particulares ; cada uno en que
Obispado cae ; y quien los posee, y los tributarios que tienen 153

770-04. — CORBEIL, IMPRENTA DE ÉD. CRÉTÉ.

Coleccion de Documentos inéditos para la Historia de Méjico

––––––––––

Tomo I. Memoriales de Fray Toribio de Motolinia. X + 364 paginas con una lámina, 1903. *Precio*............. fr. 10 —

770-04. — Corbeil, Imprimerie Éd. Créré.

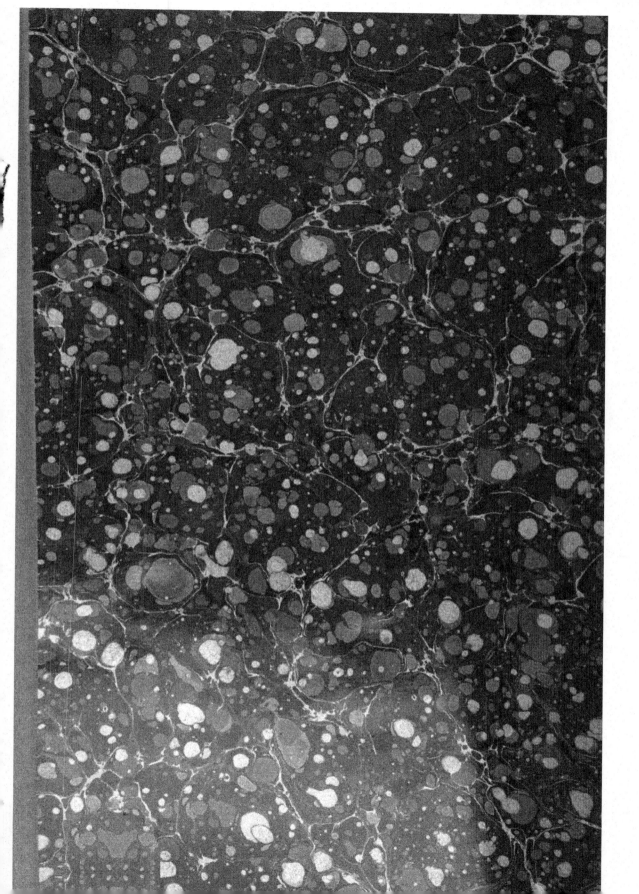

CPSIA information can be obtained
at www.ICGtesting.com
Printed in the USA
BVOW04s0844150217
476278BV00009B/110/P